又见茶马古道

CHA MA GU DAO

高富华 著

五洲传播出版社
China Intercontinental Press

目录 CONTENTS

前言　　"溯源"与"追远"

序篇　雪峰茶馆茶路

眺望雪峰，看见"茶叶天路"　　002
成都茶馆，世俗的饮茶文化　　004

上篇　背夫茶路

第一章　"茶城"雅安：中国茶史浓缩于此　　014
第二章　"茶园"雅安：被百万亩茶园包围的城市　　030
第三章　茶路上的"小路茶"　　041
第四章　茶路上的"大路茶"　　058
第五章　古镇：川藏茶马古道的明珠　　075
第六章　"钦差"，从"大路"走到了拉萨　　095
第七章　彼岸的眼光　　100

下篇 雪域茶路		
第一章	"锅庄"康定，一座因茶而生的城市	114
第二章	踏上"雪域茶路"	125
第三章	雅安船工今安在	137
第四章	悬在高空中的城市	144
第五章	跨越金沙江	148
第六章	雪域茶谷茶香飘	162
第七章	一路向拉萨	177
第八章	茶马古道，一条中国人的景观大道	192
后记	家门口小路叫"官路"	196
附录	茶马古道歌	201

前言

"溯源"与"追远"

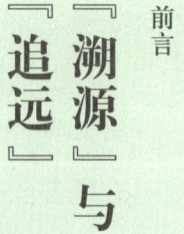

　　茶马古道是一条文化的血脉，也是民族彼此相融的和谐之道。

　　云南"普洱景迈山古茶林文化景观"是全球首个茶文化主题的世界文化遗产，景迈山是著名普洱茶产地，也是滇藏茶马古道的起点。

　　起源于四川盆地边缘雅安，穿越横断山脉和青藏高原，延伸至西亚、南亚的川藏茶马古道，无论在历史来源、规模和生产传承上，都要比滇藏茶马古道更加源远流长。

　　2004年，成都举办"茶马古道"摄影展，展出了清末法国驻昆明总领事方苏雅拍摄的照片。同年，来自中国、韩国、日本的茶马古道专家相约雅安，考察茶马古道。也是在这年，我们踏上了茶马古道的考察之旅。

　　从三交坪到化林坪，从这"坪"到那"坪"，我们翻越了2800多米的飞越岭，看到了花岗石上星罗棋布的"拐子窝"，找到了当年方苏雅拍摄背夫的地点，也拜读了作家蒋秀英的《恢宏千年茶马古道》。

　　后来，机缘巧合下，我在茶马古道上走了几个来回，对茶马古

道有了一些粗浅的认识。

在我看来,川藏茶马古道分为两段,从雅安到康定是"背夫茶路",由于山路崎岖,马匹通行困难,只得靠人力背运。从雅安背茶到康定,背夫每天跋山涉水,艰难地行走十多天,才能到达康定。从康定到拉萨是"雪域茶路",主要靠牦牛运输,边走边放牧,感受着四季的变化,需要一两年才能走个来回。

在川藏茶马古道上旅游,最好的出行方式,还得从成都或雅安乘车出发,一路感受这条世界上最美丽、最险峻、最跌宕起伏的古道。川藏茶马古道既是一条文化风景线,也是一条自然风光线;既可"溯源",更能"追远"。

是的,我们除了要"溯源",还要"追远",那就沏一壶藏茶,打开这本书,走进茶马古道的历史与传奇。

在日本画家福田眉仙的笔下，蜀道和茶马古道是连在一起的。

又见茶马古道

序篇

雪峰·茶馆·茶路

1944年6月，中国美术家吴作人从雅安出发，只身一人在雪峰下的川藏茶马古道采风。

1945年2月，吴作人经雅安返回成都，结束了长达半年之久的采风活动。

随后，吴作人相继在成都、重庆、上海举行"吴作人旅边画展"。但对于当年吴作人创作的卷轴长卷《藏茶传》，并没有公开的报道，这幅画也没有公开展出过。

这幅画画的是什么？

这幅画又到哪去了？

2023年，随着《吴作人全集（民国时期）》的出版发行，一幅隐匿了近80年的美术作品终于『浮出水面』。

吴作人的《藏茶传》，以艺术的形式，全景展示了用茶叶铺成的『天路』，为古道『立传』，为藏茶代言。

眺望雪峰，看见"茶叶天路"

"遥望雪峰，它坚韧地矗立在群山之上、云端之中，透出的高傲、冰冷与倔强，勾魂摄魄、直抵人心。"

20世纪20年代，美籍奥地利探险家洛克来到成都，他准备到康藏考察。

"有一次，传教士们告诉我，在成都南边有一座雪山，当天气晴朗时，在成都平原能看得到这座山……"

雪山，让洛克心驰神往。

"耸立于它的姊妹群峰之上，直插青蓝色的天空之中，它是一座缩小版的金字塔。"洛克在成都是否观赏到了雪山，我们不得而知。但是后来，洛克来到了这座山的脚下，这座山就是贡嘎雪山。

其实，在成都能看到的雪山，何止贡嘎山。

2017年6月5日，成都的天空出奇地通透。

一个名叫丘寒的"追峰人"，在成都郫都区拍下一张由27张图拼接而成的雪山长图。从海拔5353米的大雪塘，到海拔6250米的四姑娘山幺妹峰，再到海拔7556米的贡嘎山，长图中成都天际线上的雪山绵延300多公里。图中的每一座雪山，都能准确指出名称、位置与高度。这张长图让成都真正被认可为世界上唯一能够遥望5000米以上雪山的千万级人口城市。

雪山下的成都

　　成都是一座被雪山环绕的城市,由此产生了一群追逐雪山的摄影家。

　　成都西邻横断山脉,位于四川盆地中部,从盆地看高山没有障碍物遮挡。古蜀人将雪山作为原始神灵崇拜;王羲之的《与谢安书》,表达了赴蜀登临雪山之愿;晚年居于成都的杜甫写过不少遥望雪山的诗句,如"窗含西岭千秋雪,门泊东吴万里船";陆游在《登灌口庙东大楼观岷江雪山》感慨"千年雪岭阑边出,万里云涛坐上浮"……

　　一路向西,天路通天。雪峰也渐渐清晰起来,隐藏在雪山之下的"茶叶天路"出现在世人眼前。

　　叩访"茶叶天路",就从成都的茶馆开始。

成都茶馆，世俗的饮茶文化

在成都，有一种生活的方式叫"坐茶馆"。

"茶者，南方之嘉木也。"这是《茶经》首句。

四川地区是全世界较早种茶、饮茶的地区。早在2000多年前，四川就出现了世界上第一家茶馆。

说成都是一座泡在茶碗里的城市，一点儿也不为过！

《成都通览》记载：清末民初，整个成都，街巷只有500多条，茶馆则有400多家，几乎每条街巷都有茶馆。到了1930年代，茶馆数量更是剧增到了600家，每日茶客高达12万人次。

如今，成都大街小巷的茶馆多达10000多家。成都人喝茶不讲究，对环境要求也不高，越市井越够味，街坊、寺庙、公园，一个棚子、几把竹椅子。一个方桌就可以喝茶。一盏三花或毛峰，一手端盖碗，一手持纸扇，懒散地躺在矮竹椅里，闭目养神，好一个优哉游哉。

茶从哪里来？看一看鹤鸣茶社门口的茶联，就会明白。

鹤鸣茶社

鹤鸣茶社

成都比较有名的喝茶之地，要数人民公园内的鹤鸣茶社。

鹤鸣茶社始建于1923年，是名副其实的"百年老店"。

以前，人民公园内共有6个茶社，唯有鹤鸣茶社几经沧桑，还完好无损地传承至今。这里的一砖一瓦一木，都散发出古朴而又迷人的风韵。

从蜀都大道上拐个弯，就走进了人民公园。仿佛穿越了时光隧道，熙熙攘攘的场景一下切换到了鸟语花香的世界中。

在公园里最高的三棵松树底下，鹤鸣茶社那扇古老的门永远都敞开着。三五老友，点一杯香片，围坐一起聊天聊地聊人生百态。或一人独坐于此，一张报纸，一本书，享受属于自己的恬静时光。外面的世界瞬息万变，不变的是来这里品茶的心境。

1923 年，大邑一龚姓商人到当时的少城公园（如今的人民公园）踏青，园内溪水环绕，绿树成荫，他决定在此开办茶社。当晚，他就梦到紫光缠绕，一方池塘中伫立着几只白鹤嬉戏，正引颈长鸣，醒来后便给茶社命名"鹤鸣"。取城南锦江水，茶叶均用当年采摘的蒙顶山茶，泡出来的茶水清香适口，爽目安神。

掺茶师是表演高手，有时还来一套完整的"龙行十八式"蒙顶山茶技表演，招招狂野而又干净利落，一条细长的开水柱从铜壶长嘴流出，顺势倾入盖碗茶杯中，杯中形成流动小漩涡，青绿的茶叶随水涡挤压不断旋转、翻腾、绽放……水柱断开，一壶热茶就沏好了。

成都人喝茶，既不守旧也不排外，虽然什么茶都喝，但对茶文化的根始终心心念念，从鹤鸣茶社大门的对联可见一斑——"扬子江中水，蒙山顶上茶"。

在北方的茶馆，虽然离扬子江很远，也能看到"改装"的茶联："虽无扬子江心水，却有蒙山顶上茶。"成都边上的青神县汉阳古镇，也有类似的茶联："云烟川酒蒙顶茶，嘉腐雅雨汉阳鸡。"由此可见这句茶联的影响之广。

茶联影响大，还是源于蒙顶山茶好。

蒙顶山茶，自然产于蒙顶山。出成都南门往西走 100 多公里，就到了雅安，也就看到了出成都西行的第一座高山——蒙顶山。有人说它是"成都平原和青藏高原之间的一杯茶"。

观音阁茶馆

在成都双流区，还有一家比鹤鸣茶社历史更加悠久的茶馆——观音阁茶馆。

观音阁茶馆位于距离成都市区 20 多公里的双流区彭镇柳荫河旁。川西

在观音阁茶馆喝茶,还可欣赏川剧变脸

观音阁茶馆

民居的建筑风格、历经百年文化的洗礼，使得这家茶馆成为成都茶文化的标志性存在。

观音阁茶馆的建筑历史现无从考证，当地老人说，茶馆原址为观音庙，民国初期被用作茶铺，距今已有100多年历史，当地人都叫它"观音阁"。彭镇曾发生大火灾，整个镇子几乎化为灰烬，唯有观音庙幸免于难，有人说是"观音保佑"。

青砖加木质结构的老茶馆斑驳破旧，木柱木梁灰青小瓦，脱落的石灰墙中可见原先打底的竹篾。只有正中屋檐处一扇天窗和两头的进门处能透进些许自然光线，屋里显得较为昏暗。老茶馆现已被列为成都第五批历史建筑保护名录。

茶馆仍然沿用蜂窝煤烧水的方法，灶台上摆放着大铜壶。走进茶馆，仿佛走进了老成都的旧日时光：老虎灶、竹靠椅、大石缸、蜂窝煤，以及墙上的毛主席画像和标语，无不彰显着浓浓的年代感。

每天早上4点半，茶馆就开门营业，游客喝茶每客10元，当地老人喝茶1元。躺在竹椅上，品上一碗盖碗茶，躲开城市的喧嚣，静静享受老成都最清闲平淡的生活方式。

据说，当地老人的晚年时光大部分是在这里度过的，如果有一天突然没来，人们都会担心他的身体。有的老人走了，家人还要来买碗茶，为他送上最后一程。

这里也成为摄影爱好者最喜欢的地方，除了拍茶馆外，摄影家还喜欢拍喝茶的老人。

面对镜头，老人早已习以为常，你拍你的，我玩我的，摆龙门阵、打牌、喝茶，兴许还会面对镜头笑笑，给你摆出几个自以为酷酷的造型。

红牌楼

红牌楼

出鹤鸣茶社向南走,经过成都原老南门出城,会经过一个叫红牌楼的地方。说起红牌楼,还有一个与茶马古道相关的过往。

雅安藏茶,清代时又名南路边茶。所谓南路边茶,就是出成都老南门经过雅安到藏区的茶。除了南路边茶,还有西路边茶,即出成都西门,经

康藏公路起点——雅安大桥
（1957年天津人民出版社发行的明信片）

灌县（今都江堰市）到藏区的茶。

明清时期，雅安一带是茶马互市的中心，川藏茶马古道开始热闹起来，替代了唐宋时期的唐蕃古道，成为汉藏茶马互市以及政治、经济往来和文化交流的官道、商道和驿道。明成化元年（1465年）九月，朝廷又指定"四川路"（即川藏茶马古道）为西藏各部和僧俗朝贡的"朝贡道"，"四川路"被明确规定为"官道"。

往返的朝贡者，还有进出西藏的官吏差使等在进藏之前都会在这里采办茶叶，或者用茶叶交易马匹，使川藏茶马古道上出现"茶驮成群，络绎于道"的繁荣景象。

为了迎接西来朝贡的藏族人，明代在这里建起了牌楼，并按藏族人的习惯，将房屋和牌坊涂成红色。《华阳县志》记载："红牌楼堡距县南十里，明嘉靖中蜀王于此建坊，名曰红牌坊。"

红牌楼场镇的南北街头各建有一处牌坊，牌坊设三道龙门，门柱上雕有龙凤图案，中间大门通车辆，两边过行人。进了牌楼，两旁皆为红色街面，场中又有一过街红楼，场尾有红恩祠，祠内亦有一排红楼，真可谓"街头红牌坊，通街红楼宇"。

出了红牌楼，便正式踏上了西行雅安和康藏的旅程。

历史具有惊人的巧合，通往西藏的川藏公路"零公里"也在这里。从康藏公路到川藏公路，再到318国道，几经更名，公路的起点最先在雅安，后来变为成都，再后来是上海，但在四川和西藏人眼中，依然称这条公路为"康藏公路"或"川藏公路"。

从成都到雅安，除川藏公路外，还有G5京昆高速公路和川藏铁路成雅段，车程最快只需要一个多小时。但在过去，从雅安到成都的路并不好走。

据说，有一书生进京赶考，他从雅安出发，经过邛崃、新津、双流等地，有感于路途的艰难，他用地名的谐音写了两句打油诗："自古穷来到邛崃，触目心惊泪双流。"

雅安是"茶叶天路"的起点，往东到成都已如此艰难，往西到康藏，路途更加艰险。

又见茶马古道

上篇

背夫茶路

1990年7月,木霁弘、陈保亚、徐涌涛、王晓松、李林、李旭六个在云南工作的文化学者,从云南中甸北上西藏昌都,再向东横穿横断山脉到四川康定。后来,他们把这条以茶叶为纽带的古道命名为『茶马古道』。

除了滇藏茶马古道外,在横断山脉中还有一条更加古老和繁华的『茶叶天路』——川藏茶马古道。

川藏茶马古道上商旅往来不绝,背夫背着重叠叠的大茶包,艰难地行走在从雅安到康定的崇山峻岭中,到了康定,包装茶叶的竹篾换成了牛皮,再经牦牛、驮马运至西藏拉萨销售,甚至远销印度、尼泊尔各国。后来,随着川藏南北线公路的日益完善,大山里曾经的喧嚣早已归于平静,古道上曾经的痕迹亦渐渐湮灭于荒野之中。

第一章

"茶城"雅安：
中国茶史浓缩于此

从雅安到拉萨，绵延数千公里的"茶叶天路"，由从雅安到康定的"背夫茶路"和从康定到拉萨的"雪域茶路"两段路组成。在没有"茶马古道"这个名称前，这条古道又称"朝贡道""四川路""川藏道"等。在西方人眼里，这条路是"茶叶大道"，是通往拉萨的"神秘之路"。

古道：一条道的前世今生

茶马古道源于"茶马互市""以茶易马"的古老交易。

茶马交易起于唐宋，盛于明清。唐代茶马交易中的马主要为青海、甘肃一带的河曲马，而茶叶主要来源于四川和陕西，交易地点集中在今天陕西、甘肃、宁夏一带。因此，这一时期的川茶主要通过岷山道以及古蜀道的金牛道、米仓道、阴平道，往西北运送。

北宋王室南渡之后，西北被金人所据，马匹的来源地进一步缩小，朝廷的目光不得不投向四川西部、西藏东部等康巴藏区。黎州（今汉源清溪）、雅州（今雅安）、碉门（今天全）的易马场开始受到重视。到了明代，对

清朝时期的雅州府地图

战马的需求显得更加迫切，与此同时，藏区对茶叶的依赖也更加强烈。"青稞之热，非茶不解"，"以茶治边"成为带有政治谋略的经济政策。如蜀王朱椿所言，"秦蜀之茶，自碉门、黎、雅抵朵甘、乌思藏，行茶之地五千余里"。而川藏茶马古道，正是从雅安出发，到达康定，延伸到遥远的拉萨。

清军入关之后，战马来源已经不是问题，茶马互市在康熙之后逐渐停止，被茶土（特产）交易取而代之，边茶贸易愈来愈盛。出于政治和经济的需要，清廷还大力修缮道路，新建驿站，通往藏区的道路路况好了许多，

雅安藏茶船运过河·青衣江

驻藏大臣入藏走的也是川藏大道。在这条过去以茶马互市为主的贸易通道，商品愈来愈多元化。清代每年输入西藏的茶，七成以上来自四川，其中主要为"雅属五县"（今雅安雨城区、名山区、荥经县、天全县和成都邛崃市）所产的边茶。

这条路也是横断山脉里最艰苦的茶马古道，商品主要靠人力背运到康定。从雅安到康定（打箭炉）的茶叶，由背夫一步一个脚印背运，在康定的锅庄交易，再经牛皮包装，由牦牛、驮马一路向西运到西藏昌都、拉萨，再越过喜马拉雅山，到达不丹、尼泊尔、印度等国家，全长4000多公里。

李苞：一个赴藏官员的"诗与远方"

200多年前的一个春天，一个年过半百的人从成都出发，经雅安、打箭炉，到巴塘赴任。成都、雅安、化林坪、折多山⋯⋯如今这些川藏线上耳熟能详的地名，在200年前，却有着不一样的模样。

拣茶

公兴茶号

清嘉庆九年（1804年）初春，一位官员从成都出发，经过雅安、康定等地44台站，行程1500多里。一路餐风宿雨、越岭渡河，抵达巴塘时，已是"雪晴柳飞花，云暖麦吐穗"的四月下旬。

此人名叫李苞，甘肃兰州人，奉调巴塘任粮务委员。在赴职路上，李苞且歌且行。在蒙顶山下，他看到了茶，"特产茗其株，雀舌含嫩绿"；在打箭炉，他看到了茶，"牛马来邛笮，盐茶出益梁"；千里过后，他在雅江，又见到了蒙顶山茶，"牦牛负行粮，兼驮蒙山茗。""昨日穿云林，今朝过雪山"。高原奇观，山川风物，悉入诗中，读来宛若亲历。

诗人的"诗与远方"充满着浪漫情怀，而背夫的"诗与远方"却在诉说着生活的艰辛。

"背好茶包子，手上挂拐子，勒的汗衫子，包的青帕子，拴的半肚子，穿的偏耳子。还有汗刮子，别根烟杆子。爬坡上坎靠拐子，背起背子像驼子，打起拐子像汉子……"

孙明经拍摄的 1939 年的雅安

茶城雅安

蒙顶山

茶城雅安，茶之源

雨水充沛的雅安，历来是四川重要的茶叶产地。

2000 多年前的西汉时期，茶祖吴理真在蒙顶山上种下 7 株茶树。2000 多年后的今天，雅安已发展到 100 余万亩茶园。自古以来，这里是四川茶马古道上最大的茶叶源头，不仅是中国重要的边茶产地，还是四川盆地向高原过渡的生态阶梯，更是沟通川、滇、藏各民族的地缘走廊。

1908 年夏天，一个金发碧眼的外国人来到四川打箭炉（今康定）。他连续 3 天站在通往折多山的路上观察，发现每天都有 200 多匹驮马出关，从康定往西前往西藏。

他打听了一下，马背上大多驮的是茶叶。这个叫布鲁尔的英国人很惊讶，西藏有多少人？为什么那么多茶叶被运往西藏？这些茶又是从哪里来的？他猜想在康定的附近，肯定有一座偌大的"茶城"，才能保证这么大的茶叶运送量。

"茶城"在哪里?

布鲁尔经金川、汶川回到成都后,又从成都经嘉定府(今乐山)到宁远府(今西昌)。本来,他可以沿大渡河而上,经越西到西昌,但他特意拐了个大弯,溯青衣江而上,绕道雅安,目的只有一个——看一看雅安这座"茶城"是什么模样。

到了雅安,他看到了一座"茶城"和背茶包的背夫。

"雅州是一座繁忙的繁荣小镇,它是雅砻江(应为青衣江)边的一颗明珠,它三面环山。雅州又是西藏茶叶加工的大中心。茶叶就生长在附近的山上,背夫把它带进雅州城,在这里烘干、揉制,然后打包装在竹筐里,运到西藏市场上去。"布鲁尔写道。

雅安正是"南路边茶"的生产地。

雅安"茶城"的规模有多大?

2016年9月18日,由四川、云南、西藏、青海、甘肃、陕西、内蒙古、广西博物院(馆)联合主办的"茶马古道·西部八省区联展"在四川博物院

雅安藏茶窖藏

开幕,给出了答案:两百茶号聚雅州。

雅州(今雅安)一带成为藏茶制造中心,经营藏茶的各地茶商纷纷汇聚雅州,最兴盛时,茶号高达200多家,主要由陕西和四川的茶商开办,被称为陕帮和川帮。各茶号为了在藏茶市场竞争中取得优势,均在商标和用料、用工、茶包质量上下功夫,它们有自己特殊的图形和品牌标识,以便藏人识别。

据清代《雅州府志》记载,雍正八年(1730年),南路边茶销藏茶104424引。按每引配茶100市斤,雅安每年销售到藏区的茶叶达1044.24万斤。

除了产茶,还有两件事奠定了雅安在中国茶史上举足轻重的地位。

其一,茶之源——雅安是中国人工种茶的开端,早在两千多年前的西汉时期,茶祖吴理真就在蒙顶山栽种野生茶树,从而开启了世界人工种植茶叶的先河。

蒙顶山天盖诗茶座

中唐时期的李肇在《国史补》中说:"风俗贵茶,茶之名品益众。剑南有蒙顶石花,或小方,或散芽,号为第一。"文中所说的剑南蒙顶茶,就是今天雅安地区蒙山顶上出产的上等茶。

晚唐杨晔的《膳夫经手录》也说:"蜀茶得名蒙顶……"并讲到清明之前的蒙顶茶:"束帛不能易一斤先春蒙顶。"五匹绢帛还买不到一斤蒙顶春茶。蒙顶山茶价格之昂贵,除了皇室贵胄,大概也只有金马玉堂、钟鸣鼎食之家才有资格品尝。

除蒙顶茶之外,杨晔对湖州的顾渚茶也有好评:"湖(指太湖)南紫笋茶,自蒙顶之外,无出其右者。"

中晚唐诗人刘禹锡如此描写蒙山茶、顾渚茶的入贡:"何况蒙山顾渚春,白泥赤印走风尘。"

其二,道之源——雅安是川藏茶马古道的重要起点。

蒙顶山茶艺表演

蒙顶山皇茶园

茶马司遗址

蒙顶山茶顶着天下第一的头衔，在唐代荣耀无比，宋代以后逐渐没落，到了明代之后，几乎销声匿迹了，连许多爱茶的雅士都弄不清楚蒙山茶到底是哪儿产的，甚至有人以为蒙顶山茶是山东蒙山所产。

昔日大名鼎鼎的蒙顶山茶到哪儿去了？

明末杭州茶人许次纾在《茶疏》中给出了答案："古人论茶，必首蒙顶。蒙顶山，蜀雅州山也，往常产，今不复有，即有之，彼中夷人专之，不复出山。""夷人专之"，即专门销往边疆少数民族做茶去了。

做什么茶？做藏茶！

于是，茶文化源头的雅安，又多了一个名头——川藏茶马古道的源头。

"仙味"皇茶

相传在西汉甘露年间（前53-前50年），茶祖吴理真在蒙顶山手植的7株茶树后来被保护起来成了"皇茶园"。从唐至清，雅安的"贡茶"几乎都来自"皇茶园"的 7 株茶树及蒙顶山上的原生态茶园。

唐宋时期，与蒙顶山、蒙顶山茶相关的诗词比比皆是，到了明清时期就几乎没有了。"今不复有"，大多数人喝不到，写蒙顶山茶的人自然就少了。

好在蒙顶山茶还在进贡，在北京故宫现存清代贡茶 100 多种，其中四川的贡茶有 10 多种，7 种来自蒙顶山。

"贡茶让我们可以更好地看到中国古代最好茶叶的样子。"2024 年 3 月 27 日，"故宫贡茶回蒙顶山"展览，在四川雅安市名山区蒙顶山茶史博物馆开幕，展示了仙茶、名山茶、春茗茶、蒙山茶、观音茶、陪茶、菱角湾茶等 7 种 12 件清代茶文物。

历史文献《蒙顶茶说》记载"仙茶"由来："其茶叶细而长，味甘而清，色黄而碧。酌杯中香云蒙覆其上，凝结不散，以其异，谓曰仙茶。"如今，昔日的"仙茶"，正是今天蒙顶山茶中的精品"蒙顶甘露"。

乾隆皇帝一生写诗 4 万多首，虽然与茶有关的并不多，却也有一首说到了蒙顶山茶："石铛聊复煮蒙山，清兴未与当年别。"在《烹雪叠旧作韵》茶诗中，乾隆描写了品尝蒙山茶后的赞叹和感悟。

乾隆皇帝不仅喜欢喝蒙顶山茶，还将蒙顶山茶赏赐给嫔妃、近臣品饮。乾隆五十六年（1791 年）二月初二，他将 30 年间攒的 410 瓶"银瓶茶"赏赐给妃嫔和阿桂、和珅等近臣。

可见，"夷人专之，不复出山"的蒙顶山茶，还是有进入皇宫的，只是老百姓喝不到罢了。

"昔日皇帝茶，今入百姓家。"在蒙顶山，有一通"天下大蒙山"碑，讲述了西汉甘露年间吴理真在这里种植茶树的故事。因此蒙顶山被中国茶学界视为"世界上有文字可考最早种植茶叶的地方"，是"世界茶文化圣山"。

今天的蒙顶山，已是 AAAA 级景区。蒙泉井、甘露石室、皇茶园，一个个茶文化符号扑面而来。历代文人墨客在这里留下了大量的诗句。如

蒙顶山永兴寺山门

"琴里知闻唯渌水,茶中故旧是蒙山";"蜀土茶称圣,蒙山味独珍"等。其实白居易、刘禹锡、文同、孟郊、韦处厚、欧阳修、陆游、梅尧臣等人,并没有到过蒙顶山,但他们品尝过蒙顶山茶,要不然也不会写下众多的华章佳句。

最有意思的当属南宋诗人陆游,他一生嗜茶成癖,有 300 多首茶诗存世，很多茶诗都跟蒙顶山茶有关。先是"自作蒙山紫笋茶"，再是"自烧沉水瀹紫笋"，最后想到自己壮志难酬，便是一声叹息："饭囊酒瓮纷纷是，谁赏蒙山紫笋香。"留下了他与蒙顶山笋紫茶的千古佳话。

蒙顶山的天盖寺常年云雾缭绕，山高雨多，茶香浓郁。天盖寺里有12株银杏树，俗称"蒙顶十二钗"。千年的古树枝繁叶茂，犹如华盖遮顶，十分清凉。坐在天盖寺品尝黄芽、甘露等蒙顶山特有的香茗，"别有一番滋味在心头"。

已故四川文化名人伍松乔十分推崇蒙顶山。在伍松乔眼里，四川人喝茶有两个最佳去处：一是成都锦江剧场，那是老川戏的"窝子"。春来桃花开时，剧场内的一棵大桃树花团锦簇，花香四溢，坐在树下喝茶，实属难得的享受，"那里有浓厚的'烟火味'"。另一个是在蒙顶山的天盖寺喝茶。"坐在天盖寺的千年银杏树下喝茶，一边喝蒙顶山茶，一边吟诵蒙顶山茶诗，飘飘然间，一股子'仙味'就会油然而来！"

伍松乔对蒙顶山茶情有独钟。有一次，他到蒙顶山品茶，留下了一副楹联："唐诗宋词原上草，巴山蜀水蒙山茶"。"原上草"，正是伍松乔主编的《四川日报》副刊名。一时之间，这副楹联被四川文艺界、茶文化界传为佳话。

山不在高，有茶则"雅"。

蒙顶山与峨眉山、青城山合称"蜀中三大名山"，不同于"峨眉天下秀""青城天下幽"以风景独特见长，蒙顶山的山色景观虽然不算秀美幽雅，但却以漫山遍野的葱绿和厚重的茶文化，让蒙顶山有了"天下雅"之别称，吸引着四方游人八面茶客。

"扬子江心水，蒙山顶上茶"，便成了蒙顶山的"镇山之宝"，这也是蒙顶山茶悠久历史与崇高地位的象征。

永兴寺：观鸟品禅茶

除了天盖寺外，在蒙顶山喝茶还有一个好去处，那就是永兴寺。相传三国时，天竺僧空定大师来蜀，此时蒙顶山云雾缭绕，古木参天，于是结庐在此。可谓"梵音远播三千界，各随其心而深解之意，是为建寺之始"。

永兴寺坐落于蒙顶西侧山腰，山门有九龙盘绕石雕，镂空雕刻着"永兴古寺"四个字。寺中白玉鼓楼，是一栋全石结构的大殿，国内罕见。该殿有一奇观：从不结蜘蛛网，就连两米多高的佛像身上也丝尘不染。

永兴寺的禅茶十分有名。晚唐时期，道宗禅师重建永兴寺，以禅入茶、以茶会禅，使禅与茶的结合更加紧密。永兴寺的佛教文化和蒙顶山的茶文化相互渗透融合，"茶禅一味"保留至今。

普照是永兴寺里的二师父，在这间古寺修行，同时也是制茶出名的师傅。很多游客慕名而来，就是为了品尝普照师父亲手制作的禅茶。

永兴寺还是一个观鸟胜地。1943年7月，应雅安仁德医院工作的美国人柯培德博士邀请，华西协合大学博物馆馆长、美国人戴谦和与他的夫人戴珍到雅安避暑观鸟。

戴谦和夫妇在蒙顶山一住就是20多天。住的地方，就是永兴寺的一幢木楼，二楼的四面都有阳台，正好可以用来观鸟。戴珍在这里记录下了黑耳鸢、大杜鹃新疆亚种、小杜鹃、大鹰鹃、鹰鸮、短嘴金丝燕、黑枕绿啄木鸟四川亚种等53种鸟类，后来还撰写了一篇3万多字的观鸟札记《蒙顶及峨眉暑期之鸟类》，发表在《华西边疆研究会》杂志上。

如今，蒙顶山上的鸟类更多了。

第二章

"茶园"雅安：
被百万亩茶园包围的城市

由于常年气候湿润、雨水充沛，特别适宜茶树的生长，雅安从西汉开始，便成为中国西南地区著名的茶叶产区。雅安茶在不同历史时期又称火蕃饼、黑茶、乌茶、边茶、边销茶、四川南边茶、四川南路边茶、大茶、雅茶、藏茶等。

自古以来，雅安便有"华西雨屏""雅州天漏"之称。

"天漏"之地：云雾山中出好茶

雅安何以"天漏"？

在雅安，有一个美丽的神话传说，女娲炼五彩石补天。当别处都已补全，唯剩雅安一方天空时，女娲精疲力尽。她勉强托起最后一块五彩石飞临雅安上空，几番努力，终因劳累过度坠于雅安地界，呕血而亡。从此雅安便被雨水笼罩，而女娲也化为"雨城"的一座山峰，饮恨守望在碧波翻卷的青衣江边。

传说归传说，雨城"天漏"最根本的原因还是地形因素。雅安的西面

蒙顶山茶园

茶乡里的"大地指纹"

是高大的二郎山,西北方是险峻的夹金山,南部有大相岭横亘相向,只有东面一个出口。"喇叭"状的地形构成,使东来暖湿气流只能进不能出,一到夜间,四周山上的冷气流下沉,冷暖气流一经交汇,雨城就开始下雨,这也是雅安为何夜雨较多的原因。

"雨露滋润茶苗壮",有"世界茶文化圣山"之称的蒙顶山,是邛崃山的余脉,位于雅安市境内,海拔并不高,最高峰上清峰只有1456米,跟"东岳泰山"相比,还略低一些。以蒙顶山为中心,茶园呈放射状向四周蔓延。雅安现有茶园已超过百万亩。

走进茶园,犹如走进了绿色的海洋,看到的是绿波荡漾,嗅到的是清香四溢的茶香。雅安茶园面积尤以雨城区、名山区最多。

茶园奇观：大地上的指纹

名山区有着"中国茶叶第一县（区）"之称，全区茶园面积超过30万亩，人均在一亩以上。

名山区地处成都平原向青藏高原的过渡地带，是典型的丘陵地区。名山区的山并不高，但浅丘多，从空中俯瞰，茶园里的浅丘呈现出"大地指纹"的奇妙景观，美不胜收。

最密集的"大地指纹"位于名山区红星镇的金鼓村。这些山头历经数千万年的寒暑侵袭和风雨剥蚀，逐渐形成大小不一、高矮不等的台状浅丘。村民充分利用一切闲置土地，将这些台状浅丘垒砌成规整的环形梯地，开辟

名山区春茶采摘

在蒙顶山茶园里可以远望贡嘎雪峰

为茶园,形成了跌宕起伏、纹理有致的茶园梯田。长大成型的茶树,以山头为中心,呈螺旋式一圈一圈地向上攀升,煞是好看。

金鼓村的茶园面积3000多亩,起起伏伏、错落有致。茶山上除了茶树外,野生植物种类也丰富茂盛,构成了较为完整的植被体系。远处是云雾缭绕的山峰。这里依然属于蒙顶山脉,风将山谷里的氤氲水汽吹成薄纱,云雾缓缓地升向天空。

"指纹"茶园仅是名山区30多万亩茶园的一个缩影。在名山区还有牛碾坪、骑龙场等万亩观光茶园。名山区处处散发着茶香,层层叠叠的茶垄镶嵌在绵延起伏的丘峦上,美妙的线条如同绿色巨人胸腔的肋骨,既惊艳又震撼!

双河场:旋风般的鲜叶市场

清晨的茶园沉浸在清清爽爽的湿润中,茶农们已开始了一天的鲜叶采摘。忙碌的茶农在茶园中劳作,手指在茶树丛中上下翻飞,鲜嫩多汁的嫩芽行云流水般地从一双双灵巧的手中转移到腰间背篓里,所有动作如蝴蝶翻飞、一气呵成。

上午10点半,是名山区最大的双河鲜叶市场的鲜叶交易时间。市场内人头攒动,叫卖声不断。完成交易的茶农走出市场,骑上摩托车奔向茶园,开始了又一轮的鲜叶采摘。

名山区在双河、百丈、新店、中峰等处设立鲜叶市场,实行的是"错峰"交易,双河场上每天上午10点交易,既不误茶农采摘鲜叶和及时交易,又方便茶商收购后及时加工。旋风般交易,不到半个小时,茶农与茶商就完成了交易。骑着摩托车、电瓶车来往的茶农,又回到茶园中摘茶,只剩茶商在装车。

随着鲜叶走进茶叶加工厂,大宗的鲜叶做机制茶,少量的鲜叶做手工

蒙顶山茶鲜叶市场

茶。雅安茶叶除了加工石花、黄芽、甘露、毛峰等蒙顶山茶品种外,国内的其他茶叶品种都能加工,如"西湖龙井""信阳毛尖""碧螺春""竹叶青"等。

大约每年春节,这里的鲜叶就开始采摘,就地初加工后,再空运到江浙一带精加工,"第一杯西湖龙井"大多用的是蒙顶山茶。

也许有人说，雅安茶生产"西湖龙井""信阳毛尖""碧螺春""竹叶青"，自然是假冒产品。其实也不尽然，虽然原料产地不同，但生产工艺、质量标准等是一致的，其外形和口感也没有什么区别。正如英国几乎不产一片茶叶，原料几乎来自全球茶产区，但英国产的"立顿"茶叶，依然风行全球。

雅安茶厂：藏茶探秘

春季鲜叶上市，制作成绿茶、黄茶和红茶。藏茶原料则是夏秋茶。

藏茶原料是当年生成熟茶叶的红苔，一般为生长五六个月的茶枝（一芽五叶）。切碎后，生产工序多达32道，藏茶为深发酵茶，原料进厂经粗加工后须陈化（存放），经过特殊工艺精制而成。雅安作为藏茶生产中心和茶马交易的集散地，除本地原料外，还要从乐山、泸州、宜宾等四川省内各地以及重庆、贵州、云南等地调集。

四川省是中国边销茶生产的大省，也是最早生产黑茶的地区。清乾隆年间，朝廷规定雅州、名山、天全、荥经等地所产的边茶专销康藏。由此，全国各地经营藏茶的茶商纷纷汇聚雅州（今雅安），最兴盛时聚集茶号高达200多家，主要由陕西和四川的茶商开办。其中像"义兴隆""天增公""余孚和""永昌""裕兴"等几家大茶号都是在雅安经营了数百年的老店，创造了一个又一个"裕国兴家"的茶商传奇。

1949年后，雅安经公私合营整合几十家茶号，建立了国营四川省雅安茶厂。改革开放后，这些地方的国营茶厂又纷纷改制为股份公司。2000年，雅安茶厂改制为雅安茶厂股份有限公司。

2008年6月，国务院公布第二批国家级非物质文化遗产名录，"南路边茶（藏茶）制作技艺"名列其中。2022年11月29日，"中国传统制茶技艺及其相关习俗"被列入联合国教科文组织人类非物质文化遗产代表作名录，雅安"南路边茶制作技艺""蒙山茶传统制作技艺"两个非遗项目名列其中，也是四川省仅有的两个入选项目。

位于雅安市雨城区大兴镇国家农业科技园区的雅安茶厂股份有限公司，是一个探秘藏茶的好去处，这里有一个"藏茶世界"，完整地呈现了雅安藏茶产业的历史人文和传承。

雅安茶厂

　　雅安茶厂是国家定点西南地区最大边茶生产厂家，该厂的藏茶生产史可追溯到明嘉靖二十五年（1546年）。如今雅安茶厂依托现有生产厂区、博物馆和陈化仓库扩建成一处工业旅游景区——"藏茶世界"，人们可以走进藏茶印象展区，在茶窖里闻着茶香，触碰岁月的痕迹，感受藏茶的神奇。

　　景区内有一条"藏茶大道"，呈现了从明代以来的代表性茶号如"义兴隆""隆裕""余孚和"和康藏茶业公司、五一边茶联营社等茶厂，再现了400多年来藏茶"一脉相传"的历史渊源。

　　走进博物馆展区，可以看到明清时期的老藏茶、民国"柯罗牌"藏茶，新中国成立后的"五一茶""红军茶""十八军茶"以及中央代表团"礼品茶""民族团结"等藏茶珍品。明代的老茶，是保存最为久远的雅安藏茶实物，距今已有400多年历史。茶砖虽然早已经碳化，但在外观上仍保留了明代茶砖的形态。

沿着200米的空中走廊，可以近距离观察堆积如山的藏茶陈化原料，参观藏茶生产制作过程，感受千年烟火气。

在这里，还有按照明末清初雅安茶厂老茶号"天增公"原型复原的四合院群落。人们可以参观雅安茶厂制茶大师们展示南路边茶（藏茶）制作技艺。

雅安茶厂原址在雅安市区西门，如今已是雅安市博物馆，馆内就有一个"边茶藏马"的专题展览区。

如今，雅安城区周围茶山环绕，大大小小的茶厂遍布城乡。近年登记在册的茶厂有300多家，其中藏茶企业40多家，年生产藏茶近4万吨，占四川省边销茶产量的八成，占全国边销茶产量的四成以上。

第三章

茶路上的"小路茶"

1872年3月,"丝绸之路"的命名者、世界著名地理学家李希霍芬来到雅安。

他看到茶叶是这条贸易通道上最重要的货物,大量茶叶运送至康定。茶马古道沿线格外热闹,总能看到整队运送茶叶的背夫。李希霍芬记录了每包茶叶的重量、每个人背负的总量等数据。

他在考察日记中写道:"几乎令人难以置信,如果考虑到山路之陡峭,或许世界上没有哪个地方的人能背着那么重的东西翻山越岭,而且背货的所得又少得可怜。"

雅安,作为四川茶马古道上最为特殊和重要的地方,不仅是中国重要的边茶产地,也是茶马古道上最大的茶叶原产地。

正是有了雅安源源不断的边茶供给,清代每年输入西藏的茶八成以上来自四川,其中主要为雅州(今雅安)所产边茶。这条路是横断山脉里最艰苦的茶马古道,主要由人力运输,由此产生了一种特别的工种——背夫。

孙明经的疑惑：为何要用人力背运？

从雅安（雅州）到康定（打箭炉）的茶叶，由背夫一步一个脚印背运到达。多的足足要背上两三百斤。青壮年、妇女和小孩都会加入背茶的行列，甚至还有哺乳期的妇女带着婴儿一同上路。

从雅安到康定的古道主要有两条，人们将它称为"大路"和"小路"。

"大路"是从雅安出发，向西南经今雨城区飞龙关到荥经新添镇，然后过六合、花滩、箐口（今安靖）、凤仪，翻越大相岭到清溪（今属汉源），向西再经宜东，翻越飞越岭至泸定县化林坪，在兴隆沈村渡过大渡河后，再经磨西翻越雅家埂到达康定。清康熙年间，泸定桥建成后，过泸定桥再沿大渡河而上，经瓦斯沟到达康定。

这条路，从雅安至清溪段，与古代南方丝绸之路交集重叠，也是朝廷向藏区输入军饷物资的官道，沿途驿站客栈较多，商旅行人、马帮过往频繁。

明洪武年间，又开通了一条从天全碉门经泸定岚安的茶马贸易通道，历史上俗称为"小路"。"小路"从雅安出发，过青衣江逆流而上，经飞仙关到始阳、天全、两路口、长河坝，翻越马鞍山，过岚安，在泸定与"大路"汇合后进入康定。"小路"的路如其名，是一条只能过行人的山间崎岖小道。沿此道运往康定的茶因而被称为"小路茶"。

1939年8月初，著名人文摄影师孙明经从雅安出发，历时160余天，行程上万里，完成了一次用影像和照片考察茶马古道的"西康资源调查"。

在孙明经记录的历史画面中，背夫背上的货物有大米、木炭、矿石，但最多的还是茶叶。为什么偏偏是茶叶，驱动了无数背夫经年累月地负重远行？

对生活在寒冷高原上的藏民来说："宁可三日无粮，不可一日无茶。"茶，无疑是藏族同胞生活里极其重要的部分。高原缺少蔬菜水果，以肉

清朝时期的芦山县地图

食为主的藏民必须通过天天饮用大量碱性极高的酥油茶,来平衡体内的酸碱度。

孙明经在考察中发现,边茶从雅安启运,人力背运至康定要用十七八天的时间。

为何要用人力背运?因为"从雅安到打箭炉的路很不好走,一匹马最多驮12条茶,还没有一个成年男子背得多。这条路上,一个男背夫最少可以

飞仙关，茶马古道、南方丝绸之路在这里交会；G318、G351、S308、G4218、川藏铁路在这里西进北上。

背12条茶，多的可以背20条，女背夫少的可以背7条，多的可以背10条。用马驮茶，还要马夫照看马匹，开支更多"。

一条茶包重16市斤，20条茶包重达320市斤。古道上驮马不胜其重，背夫们却可为之。雅安边茶背运到康定后，又被称为"大茶""藏茶"。

飞仙关：古今变迁的交通文化地标

从雅安市区西行15公里，是芦山县的飞仙关镇。这一弹丸之地，却是个"鸡鸣三县"（雨城区、芦山县和天全县）的地方。

飞仙关，川藏茶马古道上的第一个关隘，也是南方丝绸之路和川藏茶马古道上进入康藏的"第一咽喉"。飞仙关分为上关、下关，是茶马古道"小路"的必经之路。

在飞仙关上关的老君溪桥桥头竖着一石碑，修建于咸丰四年（1854年），碑首有"老君溪"三个大字，下面是"指路碑"碑文："右走芦山

四十里，灵关一百里；左走始阳二十里，天全四十五里。"

1950年11月，为保证进藏运输畅通，西南军政委员会抢修康藏公路，修建了飞仙关钢索吊桥，代替了民国年间修建的车马渡船渡口。随着公路建设的不断升级，清人王曰曾笔下"鸟道盘山势，鱼肠荡石淙"的艰难崎岖，早已不复存在。

飞仙关不仅是川藏茶马古道"第一关"的地理坐标，也是中国陆路交通"博物馆"的重要文化地标。G318从这里穿峡而过，飞仙关天险有了公路，原来顺山脚而行的茶马古道自然成了"废道"，古道、石板街、关垛、古城墙、城门洞、老民居依然，古道风貌犹存。古老的茶马古道和南方丝绸之路在这里交会，古栈道、古渡口、古关隘、古津梁星罗棋布，还有民国时期修建的康藏公路，更有新中国成立之初修建的G318、飞仙关钢索吊桥，以及2013年"4·20"芦山强烈地震后修建的G351。G4218、川藏铁路也在这里穿山（隧道）而过。

站在飞仙关南北场镇之间的狮子山观景平台上俯瞰，方圆不过三五平方

茶炕

公兴茶号旧址

公里的飞仙关俨然是一个天然的"交通博物馆"。一眼看尽古今交通，一地穿越东西南北。

甘溪坡：二郎山下的"背夫村"

"左走始阳二十里，天全四十五里"，便到了天全县城。天全之名，始于元代。据《天全州志》载：境内有天全山，且自来多雨……故名天全。元时置碉门安抚司，明洪武六年（1373年）置天全六番招讨司，清雍正七年（1729年）"改土归流"置天全州，属雅州府。作为当年茶叶进藏的重要路线，这里还有一个清代官方储藏边茶的"边茶仓库"遗址。

"边茶仓库"位于始阳镇新中村，始建于清康熙年间，由乡绅高炳举修建。高家在清初经营茶叶生意，开有"长丰""恒顺""泰顺""清顺"等茶店，由于经营不善，到清晚期被政府收购，改为官方"茶仓"。

天全县城西的唐代禁门关遗址，更是天全茶马互市的历史见证。北宋时，在碉门（即今日禁门关）曾设茶马互市。直到清乾隆之后，由"茶马互市"改为"边茶贸易"，茶马古道逐渐热闹起来，禁门关也就自然成为边茶交易的交通要道，乃当年背夫背茶进藏的必经之路。

悠长的青石板路，满载记忆的"拐子窝"，逝去繁华的民居商铺……雅安天全县小河镇红星村甘溪坡，青山碧水环绕着僻静而古老的古道印记，安然静怡，时光仿佛"停摆"，只是少了过往的背夫。

甘溪坡古村坐落于G318旁的半山腰，距天全县城仅4公里，有保存较完整的清末传统川西民居村落群，是背夫西出禁门关的第一驿站。

过去，这里的人大多都背过茶包子到康定，有"背夫文化发祥地"之称。甘溪坡古村现有27户农家住户，村里保留着一条约2公里长的茶马古道，沿途设有陈列馆、茶炕、《古道背夫铭》纪念碑、干溪古井、清末川西民居等景点。

清朝时期的天全州地图

天全边茶仓库

古道长街上，背夫们当年背茶包歇脚时，用拐子杵下的拐子窝、走夜路的灯杆窝子仍清晰可见。当年的背夫大多已经离世，只是家中还保留着当年用过的背夹子、拐子、油灯、草鞋等工具，以及当年开茶馆、旅馆遗留下的古老桌椅。

甘溪坡当年一位名叫李攀祥的老背夫曾回忆说：

"1932年我就出生在这座房子里。房子没有大的变动，只是换了一面墙。以前门口的这条路是老路，背茶都是从前面的街上过。以前叫甘溪坡，现在叫红星村，从雅安、天全背茶过来，有些人会在这里住店，曾经开过的几家小旅店，生意很红火。这里家家户户都有人背过茶，我爷爷、父亲也都背过。因为一年种的庄稼不够吃，农村挣不到钱，只有背茶挣点钱，买粮食补贴家用。

每年把玉米种下去，男的就去背茶，女的在家做家务。不背茶的时候管茶叶，另外还可以烧钢炭、打笋子等。背茶要到天全城里的茶店，先把茶包子领出来，茶号有专门发背子茶的，领出茶包背回家再慢慢捆，还要准备路上吃的口粮。第二天出门后，一直要背到康定交了茶叶才能返回。在康定有分号负责收茶，收到茶就在康定卖，卖给茶商或者附近的牧民。"

岚安：云端上的观景台

出甘溪坡继续往西走，就是二郎山。从天全到康定180公里，其中天全到二郎山下的新沟60公里，新沟到泸定60公里，泸定到康定又是60公里。

小路很窄，上陡坡就像爬楼那样，一步一步地在石头上挪。两个人对面都错不开身，这就是不能马驮的原因。新中国成立后，从康藏公路到川藏公路，再到G318，公路越修越好，后来又修建了二郎山隧道、雅安至康定的高速公路。

如今,老背夫消失了,"新背夫"又出现了——那就是骑行者,沿G318骑行到西藏拉萨。在天全县喇叭河镇的一处骑行驿站墙壁上曾有过一首妙趣横生的骑行"题壁诗":

抬头是山,低头上路。

问坡何时休?

坡曰:

爬坡爬到死!

今天推自行车上坡过山累得"爬坡爬到死",昔日背夫背茶过山又是何种境况?

1895—1897年,来自法国里昂的商务考察团在四川、云南一带考察,其中有一支小分队走的就是这条小路。

"德尔伦博士和他的小分队也经过打箭炉,他们是从天全到泸定桥的。他们选择了一条欧洲人从未涉足的路,它真是莽莽林海,山路崎岖。前进过程中,他们的轿子散了架,两只温度计和高度计摔得粉碎,德尔伦博士还差一点被抛出轿子跌下深渊,山体滑坡倾斜而下的岩石筑成了一道道屏障。某种程度上讲,路就铺设在悬崖峭壁的树桩上,一行人随意在上面开凿几个槽口,权当梯级借此向上攀登。山高路陡,连马都翻不过去,所以只能用绳索将轿子固定牢靠,然后吊上去。一路下来,整个队伍筋疲力尽。"这段话,道出了行走"小路"的艰辛。

背夫气喘如牛越过的垭口,如今成了景观平台。

1944年7月,吴作人从雅安乘车到康定,走的就是川康公路。从雅安到康定,短短的200多公里路程,一直走了20多天。

这段"漫长"的旅程,倒是给了吴作人难得的采风机会。汽车抛锚,他在二郎山过夜。

背夫经过二郎山垭口

背夫翻越二郎山

二郎山

"我起来打开门,强烈的阳光刺得人睁不开眼。大自然像新冲洗过一样清明,雪峰一列迎着骄阳,此景使我奋然一惊。这确实是处不平凡的景象。按我的地理知识,断定是蜀山之王——贡嘎山。"

吴作人顾不上吃早饭,直奔回小木屋,拿出随身的画夹,站在山梁子边上,脚下千重山峦,大雪峰矗立在对面。山坳里不时吐出一缕缕白烟,袅袅上升,到半空停住,逐渐扩大,变成一朵朵白云……

今天,这里已是观景平台。日看金山,夜观星辰,让旅游者不亦乐乎。

越过二郎山,下到半山处,一个山腰平台出现在人们面前。这就是泸定县岚安乡。

明代雅州府设茶马贸易于此,使这里一度繁荣兴盛,汉、藏文化如潮涌入,羌族文化、西夏文化也与汉、藏文化在此融合,形成了岚安独具魅

岚安坝子

力的风俗，传承发展至今。岚安的土著，有的说是氐羌，有的说是白狼羌，但总的来说是古羌人。在唐末，吐蕃势力发展到大渡河流域时被羌族人同化；宋末，西夏党项南迁到这里定居，被当地羌人同化。当地人称自己为"苟羌"。

岚安原名"昂州"。1947年，时任国民政府考试院院长的戴传贤到此，见其山峦耸翠、时隐时现，故改名为"岚安"。"岚"字意为雾气笼罩的山峰。

这里有着世界级的观景平台——星巴五普，意为"神仙居住的地方"。本地人称此地为"马噶"。星巴五普最高海拔5100余米。站在最高点，蜀山之王贡嘎山、二郎山、折多山、拉噶神山、亚拉雪山、墨尔多神山、四姑娘山、夹金山、西岭雪山等名山大川尽收眼里。

泸定桥

观景平台绝美的风光,让岚安古镇便有了一个好听的名字——"云端上的岚安"。

泸定桥:国家名片上的桥梁"博物馆"

站在岚安俯瞰大渡河,只见一座座悬空飞渡的大桥横卧在河上,其中最为显眼的是有"川藏第一桥"之称的大渡河大桥。

这座耗时4年修建,于2018年12月31日通车的大桥,位于大渡河上深深的峡谷之中,而且处于四川盆地至青藏高原的爬升段,岩壁陡峭。

大渡河大桥是一座建在高海拔、高地震烈度带、复杂风场及温度场环境下的超大跨径钢桁梁悬索高速公路桥,全长1411米,主桥跨径1140米,桥面至大渡河水面239米。

过大渡河大桥,紧接着就是长达20多公里的隧道群,隧道一个连着一个,重见阳光时,"跑马溜溜的"康定城已在眼前。

当年为了在连绵的大山深处开凿隧道,单是把大型的凿岩机开到半山腰的引道工程，就用了一年多时间。

在大渡河大桥的下游约 6 公里处，就是在风雨中飘摇了 300 多年的泸定铁索桥，而在大渡河大桥和泸定铁索桥之间，还有一座被列为全国重点文物保护单位的公路悬索桥。

泸定铁索桥建于清康熙年间。在那个冷兵器时代，在水大浪急的大渡河上修建这样一座铁索桥，现在看来真是一个奇迹。泸定桥历经数百年岁月侵蚀，承受过 7.5 级大地震的冲击，至今仍安然无恙。

随着川藏贸易通道的开通，大量的油、盐、布匹和茶叶都要从这里转运到西藏，泸定成为咽喉之地。1705 年，康熙决定在大渡河上建铁索桥，泸定虽然没有铁器生产，但距离泸定 100 公里外的荥经、天全不仅有铁矿，而且还有炭火锻造作坊，可就近取材。

泸定桥是如何建成的？铁索桥工程面临的最大难题就是如何将重达几十吨的铁索在两岸拉起。

用的是索渡的方法。用长绳索先系于两岸，一边高、一边低，每根绳索上穿上十余只短竹筒，再把铁索系在竹筒上，然后从较低的一岸拉动之前拴在竹筒上的绳索，如此般就很巧妙地把竹筒连带铁索拉到了对岸，其实索渡和穿针引线的道理差不多。

铁索桥竣工后，康熙皇帝亲自为铁索桥起了"泸定桥"的名字，名字包含"泸水"和"平定"两层意思。1913 年泸定因桥设县。1955 年，在纪念中国工农红军长征胜利 20 周年之际，中国邮政发行了一套两枚纪念邮票，其中一枚就是飞夺泸定桥。

如今这座老桥已结束了作为交通要道的使命，现在已成为国内闻名的风景区桥梁。

在泸定铁索桥和兴康特大桥之间，还有一座钢索吊桥。

民国时期修建了从雅安经天全越二郎山至康定的川康公路，1938 年 5

1956年，中国人民邮政发行的"康藏青藏公路"特种邮票

月开工，1940年2月底完工。由于二郎山的险峻和大渡河的阻隔，川康公路的通行能力仍然极为受限。

1938年，任乃强考察川边，在《民国川边游踪之〈泸定考察记〉》中写道："他日另建钢桥以代索桥，可使汽车驰达两岸，桥成后，此地将成新西康省之交通中心。"任乃强期待的"钢桥"在民国时期是泡影，大渡河依然是汽车不能逾越的"天险"。

1950年6月，在泸定大渡河上修建了一座永久性悬索桥。这是康藏公路继飞仙关之后的第二座悬索公路桥。

1956年3月，新中国发行的首套公路邮票就是"康藏青藏公路"，一套三枚。

3-1为"公路图和运输队"。画面右上部为连接雅安、西宁、拉萨三座城市的康藏、青藏路线图，画面主图一边是皑皑的白雪覆盖的高山，一边是深不可测的悬崖山涧，公路蜿蜒，车队行驶其间。

3-2为"大渡河钢索吊桥"。画面为康藏公路上的大渡河钢索吊桥。画面为竖版，远景处理得很有意思：天高水远足以表现环境的险要；一桥飞架充分证明修路人的勇气和技能。

3-3为"庆祝通车"。历经千难万险，公路终于修好通车，修路人的欣喜是可想而知的。这幅画面以红色为基调，恰当地表现了这种喜庆的气氛。

2019年，川藏公路大渡河悬索桥被列入第八批全国重点文物保护单位。同年，在纪念川藏、青藏公路通车65周年时，中国邮政发行了一套两枚纪念邮票，其中一枚就是G4218雅叶高速公路大渡河大桥。

第四章

🍃 茶路上的"大路茶"

背夫背茶的路,虽然分为"大路""小路",其实都是崎岖的山路,"大路"并不比"小路"大,而且"大路""小路"的起点都在雅安。

"大路"是自明代以来四川通往西藏的官道。昔日马帮背夫们背着沉重的茶包从雅州(今雅安)出发,经飞龙关到新添古镇,然后跋山涉水过荥经县,翻越大相岭到黎州的清溪(今属汉源),然后向西经宜东古镇翻飞越岭进化林坪,于泸定渡过大渡河,历经千山万水最终到达康定城(打箭炉)。

"大路":并不比"小路"大

从"大路"背到康定的茶,称为"大路茶"。

从雅安到西藏的"茶路",虽有专家考证,远在秦汉时期就已经开通,但有准确文字记载的是唐宋时期。到了明朝,川藏"茶路"成为中央朝廷与西藏往来的官道。明太祖朱元璋"诏天全六番司民,免其徭役,专令蒸乌茶易马"。

由于朝廷对朝贡者不仅厚赏"食茶",还允其在内地采购限额外的茶

茶马古道大相岭遗址

叶，因而藏区宗教上层、地方首领纷纷朝贡求封，有的甚至直接奏称"今来进贡，专讨食茶"，返回时总是"茶驮成群，络绎于道"。

明成化六年（1470年），明朝廷又规定西藏各部朝贡必须从"四川路"来京。于是，四川不仅是边茶的主要生产地，而且成了"茶马互市"的最主要贸易区。后来泸定桥于康熙年间建成后，就改道过泸定桥沿大渡河而上，经瓦斯沟到达康定。

说是"大路"，其实并不比"小路"大，依然是"山路弯弯"。茶马古道蜿蜒在大相岭的山岭之间，险峻而崎岖。行走在这条路上的不仅有背夫、商贾，还有达官贵人。

从荥经县城严道古城遗址继续西行，沿荥河南岸台地往前走，大相岭就在眼前。虽然雅安茶叶种植生产地与藏族同胞生活区域的直线距离不足100公里，但要把茶叶背运到藏区，大相岭是背夫们要翻越的第一座大山。

大相岭位于古邛崃山南脉，横亘在四川雅安荥经县与汉源县交界处。古邛崃山西北缘是飞越岭，东南面是蓑衣岭，南面是小相岭。这四座山岭高耸入云，常年云雾缭绕，冬春时节冰雪覆盖，都是当年茶马古道上背负沉重茶包的背夫们所要跨越的艰辛路段。

"为建藏通衢。盘曲崎岖，与邛坂埒。"在大相岭深处，有一通立于光绪丙午年（1906年）的《重修大相岭桥路碑记》，碑文是时任督蜀使者巴岳特·锡良所写。碑高2.8米、宽0.97米，面积近3平方米，算得上是石碑中的"鸿篇巨制"了。

大相岭的海拔并不高，垭口海拔2552米，在高峰耸立的横断山脉中并不起眼。但它的地理位置非常重要，不仅是青衣江和大渡河的分水岭，也是四川南北天然的气候分界线，还是汉族、藏族和彝族的界山。印度洋的热气流到此已是强弩之末，与来自北方的冷空气相汇，北坡和南坡分别受到不同气流的影响，致使北坡山麓下雅安荥经等地阴湿雨雾众多，雅安"雨城"由此而来；而南面半山腰的汉源清溪一带干燥少雨风大，清溪"风城"因而得名，因而荥经有了"家在清风雅雨间"的美称。

G5京昆高速公路上大相岭隧道全长10公里，从大相岭腹中穿过，开车只需十几分钟。从雨雪纷飞的荥经一头扎进隧道，从汉源县清溪这边钻出来，便已是艳阳高照，干热河谷的热浪扑面而来。

荥经黑砂："黑＋黑"的标配

荥经县的"荥"字为多音字，而且只用于地名。中国有两个县级政区

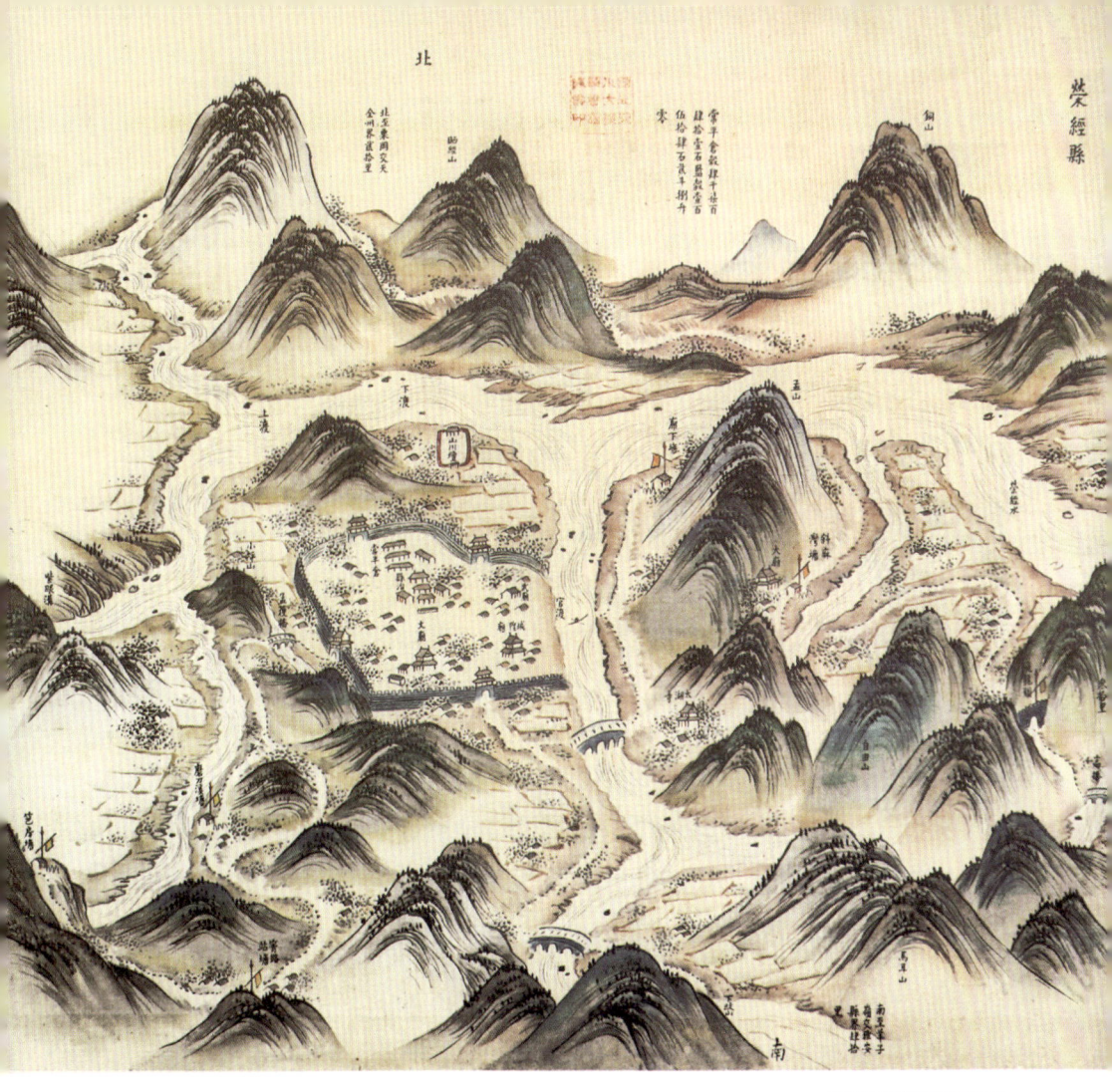

清朝时期的荥经县地图

以"荥"字作为开头专名,北方的在河南,名"荥阳",读音为"xíng";南方的在四川,名"荥经",读音为"yíng",均为二声调。

荥经县以前叫"严道县",秦初建置。作为茶马古道和南方丝绸之路上的一座重镇,严道城"南通滇竺,西连蕃藏,东衔天府",蜀中的布料、蚕丝、盐茶与西南夷的笮马、牦牛、铜矿等物资都在严道城交易,可惜在西晋(汉嘉年间)被废置,繁荣只延续了五百年。虽然在隋代又复置了"严

四川省雅安荥经县"荥经砂器"

道县",但仅是县名相同,治所已驻他址(今雅安市雨城区多营镇)。

如今的严道古城遗址位于荥经县边不到2公里处,只剩下残墙。不仔细找还找不到,遗址上只能看到"全国重点保护单位"的石碑。

严道古城遗址周边现为砂器一条街,乃著名的"荥经砂器"的制造作坊与销售街区。这里200多户人家几乎家家有作坊,户户卖砂器,个个是匠人。早在两千多年前,荥经地区就开始生产砂器。荥经砂器的主要原料是古城村特有的一种黏土,俗称"白善泥"的黄白色优质黏土。

荥经人在白善泥中掺入未烧透的煤渣制成黑砂,然后用这种黑砂烧制砂锅。荥经砂锅抗腐蚀、耐酸碱,烹饪时能较好地保持食物的鲜美及营养成分,熬药也可最大限度保存中药药性。由于掺入煤渣的缘故,砂器有透气性,非常适合储藏陈年藏茶和普洱茶,因此现在荥经砂器作坊接到最多的订单,是茶叶储藏缸和砂锅。

如今的砂器一条街,最精彩的节目不是选购砂器,而是去参观烧制砂器的过程。其中最好看的是砂器烧制出炉的瞬间:当锅盖被吊起来离开地坑,一团火苗腾空而起，火焰熄灭后，一个个砂器像贝壳里的珍珠，通红透亮，有秩序地排在炉中，几米开外都能感觉到热浪扑面。

工匠头戴斗笠，身披棉毡，护着头部与身体，手拿长长的铁钩，迅速将砂器钩到另一个窑中上釉，加入木屑后，釉炉的火焰蹿向空中。

半小时过去，砂器慢慢自然冷却，出现在面前的是一个个带着银色、油光锃亮的砂器。

随着近年来"藏茶汉饮""边茶内饮"的兴起，藏茶受到内地人的欢迎。因藏茶又名黑茶，用粗犷的黑砂茶具品饮藏茶的"黑＋黑"，似乎也成了标配。

茶马古道上的"三件宝"

"蜀山之王"贡嘎山，主峰位于泸定和康定交界处，此间满目是山，抬头是山，环顾也是山，走过一山又一山，山外还是山。

泸定是川茶进藏的必经门户，"小路"和"大路"，起于雅安，合于泸定。

如今，散落在泸定和康定两地之间的场镇，大多是在早年茶马互市中逐步形成的，如化林坪、岚安、沈村、烹坝、磨西和新兴等地，甚至包括今天的泸定县和康定城。茶马古道兴盛时，沿途的茶号、客栈比比皆是，各地会馆、庙宇应运而生，客商、背夫穿梭不断。

在泸定桥没有建成之前，通往打箭炉（今康定）的道路就在泸定县兴隆镇沈村渡河，经磨西镇，过雅加埂再到康定。

当年，法国驻昆明总领事、滇越铁路驻云南总代表方苏雅，在1904年离开中国前，从云南到四川一路考察，研究能不能修铁路，让滇越铁路延伸到中国内地。

1939年7月，孙明经在荥经县裕兴茶店门前拍摄的一位女"背夫"，她背了9条茶。

他从昆明出发，沿南方丝绸之路到了雅安汉源，再经茶马古道到了康定后，再返回雅安。虽然他的结论是"这里无法修建铁路"，但南方丝绸之路和茶马古道风物都被他定格在了镜头中。

他回到法国后，照片藏在了他从中国带回去的一个紫檀木箱中。90多年后，一个叫殷晓俊的云南人发现了这批老照片，不惜重金，获得了使用权，把这批老照片带回了中国。

茶马古道文化研究者、泸定县政协原主席孙光俊，沿着当年的茶马古道

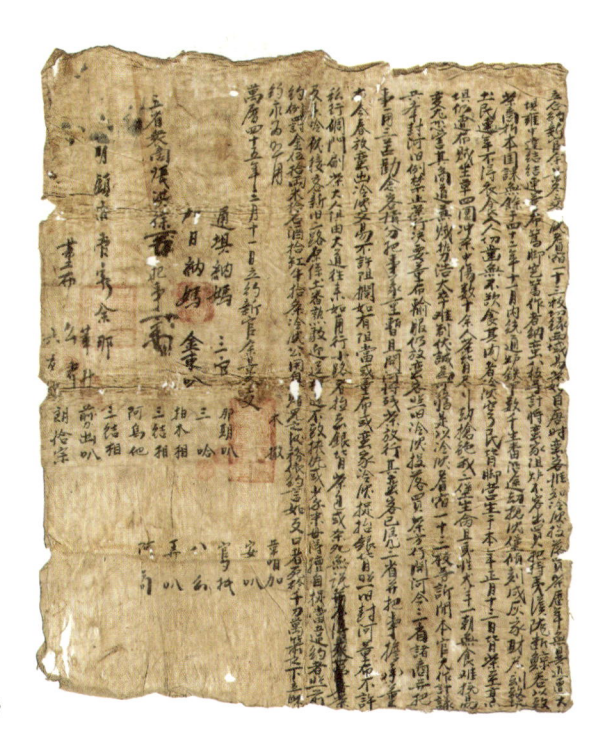

《万历合约》

一路走一路看,终于在大渡河畔一个叫溜马槽的地方,找到当年方苏雅拍照片的地方。

在孙光俊找到茶马古道老照片的拍摄地点不久后,兴隆镇沈村又发现了《万历合约》。

兴隆镇沈村位于大渡河东岸的台地上。这里曾是明清时期沈边长官余土司的驻牧地——宜牧渡口遗址。当年这里设有土司衙门、监狱等。

土司后人余启仁先生保存着一张《万历合约》,这是立于明代万历四十五年(1617年),为解决争夺边茶商贸中心而签署的合约。合约以沈边土司余景冬为首,有25人参与,盖有5枚印章,合约写道:"切缘西域易茶,始自唐时。蛮客惟知冷、沈投落买茶,历年无异……"

在泸定,不仅有《万历合约》,还有一本《背夫日记》。

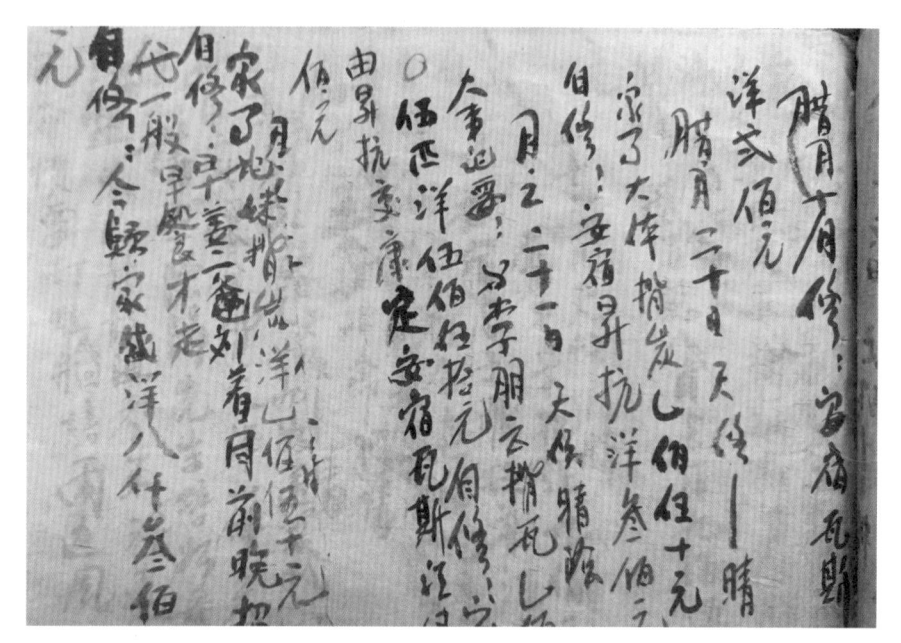

朱德万的《背夫日记》

"腊月十四日,天气晴,大事记要:今天背茶……宿泥东镇……"

翻开《背夫日记》,里面虽然寥寥数语,但将一个背夫的经历写得清楚明白。

《背夫日记》的主人叫朱德万,他是汉源县双溪乡人,15岁那年,父亲病逝,他不得不开始了自己的背夫生涯。朱德万小时候读过书,有记日记的习惯。

背夫是最苦的谋生方式。这样的苦力活,要有人组织,有人担保,防止背夫们中途"撂包子"。"背夫日记"还原了背夫的过去。

背夫一般是农闲时间接活。每年秋收后,他们在雅安的"孚和""永昌恒"等茶店领茶包。茶包用篾条包装,有8公斤、10公斤一包的。中等力气者背十到十二包,力气大的背十五六包,重量达到150多公斤。还有生活极为艰难的妇女和儿童,也会加入背夫队伍中。

川藏茶马古道上的最后的马帮（雅安茶厂有限公司供图）

古道边上茶馆

乾隆十二年手绘的清溪县地图

从雅安到康定，每包茶的运价是"一斗米"左右，单边路程在半月以上。背夫们把茶包捆好，系上背带，有的则使用"背夹子"。出发时，背夫们会随身携带一点玉米面或者馍馍，还带一点盐巴。走到"茶店子"，烤热自带的玉米馍，弄一碗盐水，就是吃食。如果能够买上一碗"豆泡菜"（豆浆、豆渣合着素菜煮成），那就是一顿奢侈的伙食了。至于住宿，地下铺一些草帘、玉米叶、稻草，就是床。疲惫的背夫横七竖八躺满一屋。

翻山越岭，日晒雨淋。背夫们闷头赶路。等到歇脚时，可能会突然发

背夫在汉源县三交坪途中休息

茶马古道上的背夫

第四章　　　　　　　　茶路上的"大路茶"

现人少了——原来是连人带茶包掉到崖下去了……

背夫的艰辛,在朱德万的寥寥数语中跃然纸上。

如今,茶马古道老照片、《万历合约》和《背夫日记》并称茶马古道"三件宝"。

"蜀山之王"脚下的古道

"在从雅州出发后的第三天中午,我就攀上了第一个关口的顶点。我朝西望去,看见了我人生中迄今为止最美丽的画面。河流将山谷雕刻得形状各异,远处的高山被白雪覆盖,高耸壮观,甚至不亚于喜马拉雅山。

我对自己说:就算这次探险我什么都没有发现,但仅仅就是这样的景色就已经让我感觉值了。"

1930年,华西协合大学博物馆馆长葛维汉到康定收集动植物标本,站在飞越岭,他看到了"蜀山之王"贡嘎山。在考察日记中,他兴奋地记下了那一瞬间的感受。

翻越大相岭后,进入汉源县(原名清溪县。民国时期,因与贵州省青溪县同名同音,复改名汉源县)。出清溪县城经九襄、宜东,继续西行至三交坪,飞越岭横亘在眼前。

飞越岭是汉源、荥经、泸定三县的界山。山顶有一个垭口——飞越关,海拔2800多米。飞越关的北侧为桌子山,海拔3000米;南侧为马鞍腰,海拔3600多米。双峰左右耸峙,飞越关是一天然隘口。

报春花:古道上的"红军花"

从汉源县宜东镇三交坪到飞越岭垭口,大约有7.5公里。由于沿大渡河峡谷有了公路，往来行人不再从这里经过，古道已近荒芜，荒草丛生。一路走来，沿途是层层叠叠的花椒园，半颗米粒大小的花椒挂满枝头，空气中弥漫着花椒清香。大青石铺成的古道，如今大多已被灌木丛遮掩。古道边，残垣断壁不时出现，是以前茶马古道的幺店子（背茶脚夫的投宿点）。

古道上一株株绿叶红花的植物顽强地从青石缝中钻了出来，下小、上大、平顶，煞是好看。虽然有些稀疏，但花开正艳。随着地势越来越开阔，红花由稀疏的三五株一丛，再到七八株一小片……再后来是漫山遍野，开得红红火火，轰轰烈烈，大地成了一片红色的海洋。

当地人称这种花为"转转花"。1935年6月初，中央红军长征经过这里，正是"转转花"盛开的季节，后来当地又称之为"红军花"。其实这种花的学名叫"报春花"。

1903年6月，有着"植物猎人"之称的英国人威尔逊经过飞越岭，他将采集的报春花标本和种子带了回去。如今飞越岭上的报春花，已开遍了欧洲园林。

虽然威尔逊来这里的主要目的是采集植物标本和种子，但同样也关注沿途的风土人情。在他留下的照片中，不仅有清溪县城，也有茶马古道上的背夫，为今天研究茶马古道留下了难得的影像资料。

越过飞越岭，下山依然是7.5公里，便到了泸定县化林坪。

"中间阔数百亩，土厚而腴，流泉甘美"，著名川康地理学家任乃强先生对化林坪的军事地理位置如此评价道。化林坪是山谷中的一块台地，因清康熙年间始派五百兵士在此驻守，被誉为"川边第一重镇"和"西陲首府"，也曾是川藏茶马古道上的第一重镇。今天的化林坪只是一个有着两百余户人家的小山村，石板小巷，土墙木屋，但依稀可见当年的繁华。

当年，中央红军长征从大渡河流域转战青衣江流域，飞越岭是主要战场，曾发生过激烈的"飞越岭激战"。红军长征路和茶马古道合二为一，再加上花期较长的"红军花"，这里已成为远近闻名的网红打卡地，虽然交通不便，依然挡不住游客的脚步。

燕子沟：一飞冲天

相对于闻名遐迩的海螺沟冰川景区来说，与磨西古镇仅数里之遥的新兴乡却一直寂寂无闻。

燕子沟景区未开发前，属于国有林场，只有一条与茶马古道重叠的林区公路。林区实行禁伐令后，原本就破败不堪的林区公路因年久失修，加上泥石流的破坏，更像以前的茶马古道了。燕子沟是通往贡嘎山的另一条通道。

燕子沟和海螺沟有太多的相似之处：两沟都位于贡嘎山山脉延续之处，都是贡嘎山风景名胜区的组成部分；在两沟尽头都可以欣赏到冰川；都是攀登贡嘎山的重要通道，且攀爬起来不容易；风景也大致相同，以雪山、原始森林、河谷、高山动植物、冰川为其特色。

雅加埂地处青藏高原东缘大雪山脉，位于高山深谷和丘状高原地带，在康定老榆林和海螺沟新兴乡之间，是康定、泸定两市县的界山。从新兴乡到雅加埂的茶马古道上，一条"红河"出现在眼前——这就是红石滩公园。

红石滩公园位于贡嘎山东坡的北部、雅家埂河上游。之所以被称为"红石滩"，是因为由雪山融水形成的河流两岸，有很多表面呈铁锈红的石头，从远处眺望，红石头和碧绿的河水、耀眼的雪山形成强烈的反差。

燕子沟内富氧的空气、冰山融雪的溪流、原始森林的植被，为红石的生长繁衍提供了理想的生息之地。遭到践踏或被带出燕子沟的红石，其生命会很快消逝，变成黑乎乎的普通石头。

燕子沟红石滩

2016年，随着燕子沟的开发，新兴乡更名为燕子沟镇。燕子沟内海拔超过5000米的山峰有数十座，大部分常年被冰雪覆盖，更显雄浑与苍凉。似乎触手可及的雪山，让人觉得亲切而神秘。

第五章

古镇：
川藏茶马古道的明珠

上里、新添、严道、清溪、九襄、宜东、磨西、新兴……古道的古镇，过去因茶而生，因茶而兴，也因茶有了讲不完的往昔故事和道不尽的情深意切。这些从雅安始发的茶马古道上的古镇，曾经发挥着驿站的重要作用，留下了大量与古道相关的历史人文遗迹。

上里：茶马古道第一镇

上里古镇最初叫"罗绳"，后来又称"五家口"（韩、杨、陈、张、许五大家族群聚之地）。它是川藏茶马古道绕不过的地方，是南方丝绸之路和茶马古道的必经地，也是唐蕃古道上的重要边茶关隘和宋代茶马司所在地。

古镇依山傍水而建，明清风貌的吊脚楼式建筑，与溪水、古桥相映成趣。沿河一公里，有十余座古桥，造型无一相同，极具江南水乡特色。这些桥梁不仅是南来北往的通道，也承载着古代工匠的技艺。古诗云："二水夹明镜，双桥落彩虹"，正是对上里古镇最生动形象的描绘。

走在石板铺成的老街，站在石拱桥上，矗立在古朴的韩家大院中，古驿

上里古镇的烟火味

站当年的风采依稀可见。今天的韩家大院，是上里古镇的主要地标之一。

说起韩家大院，自然与茶和古道有关。上里韩氏，于康熙三十二年（1693年）由陕西省泾阳运土布入川，落脚上里，开创了韩氏商贸基业。

韩氏先祖敏锐地嗅到藏茶的巨大商机，开始弃布易茶，很快富甲一方。鼎盛时期，韩家甚至垄断了周边市场的茶、布、盐和木材，成为一方豪门。

韩氏家族不仅生意做得大，还重文治武功。从乾隆至道光末年，韩家先后有数十人参加科举，仅道光年间，就有2人中进士，15人中武举。韩家大院从建设到完成，整整经历了100年，耗费了三代匠人的心血，院落大门上悬挂着"踩草梭镖"的匾额，江湖气息迎面扑来。

上里五大姓，除韩氏外，还有陈氏、杨氏、许氏、张氏家族，因而这里又被称为"五家口"。这几大家族的强盛也与茶有关。五大家族可谓各有千秋，韩家钱财丰足，故称"韩家银子"；杨家世代为官，故称"杨家顶子"；陈家田地颇多，故称"陈家谷子"；许家女子相貌一流，故称"许家女子"；张家擅长拳脚功夫，故称"张家锭子"。五大家族在"五家口"和睦相处，共同发展。

新添：老茶路上的"新"驿站

无论是果亲王，还是黄懋材、刘曼卿，他们都曾经过雅安，走"大路茶"的路线，翻越大相岭、飞越岭到泸定，再经康定进入西藏。在他们的笔下，雅安到康定这条艰辛的茶路，有着相似的"面孔"。

如今大部分游客走的是G318，与以前经二郎山到泸定"小路茶"的路线大致重合。随着G4218雅安至康定段高速公路建成通车，昨天的崎岖山路，今天已变成穿云破雾的坦途。

从雅安市区出发，沿着G5京昆高速公路一路西行30多公里，便是大

新添古镇上的坝坝宴

相岭脚下的荥经县,这里曾是秦汉严道县(郡)旧治,也是川藏茶马古道的重镇,古道遗址依稀可寻。

荥经县东北十余里外,便是新添古镇。"新添"之名,来源于当地旧地名——新添站,传说当年有皇帝曾逗留于此,专设新驿站,由于是新增的,所以叫新添驿。不过遍查历史典籍,没发现有哪位皇帝曾经来过此处驿站,只有雍正皇帝的弟弟允礼(果亲王)来过这里。

雍正十二年(1734年)七月,雍正皇帝派遣其弟果亲王允礼入川进藏。他沿八步石、观音堡,翻越飞龙关,但见四周"雾霭四塞,咫尺不辨人马"。云雾散去之后,大山林立,道路险峻。于是,果亲王在《西藏日记》中为这个扼守要道咽喉的险要关口——飞龙关,记下了浓墨重彩的一笔。

从飞龙关下来,迎接果亲王的,就是新添古镇。

新添驿站最早的地名记载，见于清嘉庆《四川通志》所载，荥经县"新添站堡，在县东二十里"。

其实，在果亲王驾临新添古镇之前，该地就已经非常繁华。它曾经是川茶出川的第一站，是川藏茶马古道的一个重要连接点。

以前运输茶叶前往康区的商旅背夫，都得由此而过，人来人往，住店吃饭，新添镇也就兴旺了起来。往来客商，若是到不了县城，就会在这里歇脚。"新添站"设立后，出现了十余家旅（马）店，有兴盛店、兴发店、复兴店、德盛店、荥华店等。

如今的新添古镇依然完好保存着当年茶马驿站的格局，在一条数百米长的街道上，数十家传统客栈和古老的杂货铺遗存，在古街上都可以找到昔日的影子。

经过几代风雨变迁，古镇的繁华不再。陈旧的木门、平整的石板路，无声地诉说着新添村的古旧与沧桑。幸运的是，老街的传统格局和老建筑被较好地保存了下来。漫步在古镇的青石板上，就像时光倒流。街道两旁招牌上的字在阳光下显得孤寂，古老建筑横梁上的雕花精美依旧，墙上的福字渐渐褪去当初的颜色。但从这些建筑上精美的图案和巨大的空间中，依然能够感受到古镇当年的繁荣。

在老街正中，还有一座已有百年历史的木结构戏台。旧时，每逢节庆或当地人婚丧娶嫁，戏台就会演大戏，敲锣打鼓，让热闹的乡场更加喧嚣。如今往日的喧嚣热闹早已不见踪影，戏台变成村民晒谷、老人乘凉和小童嬉戏的场所。如果碰巧遇上婚丧嫁娶，这里就会摆坝坝宴、流水席，随来随吃，热闹非凡。

古镇斑驳的围墙、古老的杉树、残旧的村道、古朴的石缸，犹如耄耋老人，历尽人间风雨，在岁月更替中，无声地守望着世代的居民。

出村不远处，便是正在建设中的川藏经济协作藏茶产业园区。

清溪古镇：悠然自得的风城

翻过大相岭，就看到了奔腾不息的大渡河。

清溪古镇位于汉源县城北 39 公里，地处大相岭山脉西南麓的高山河谷地带，汉代始建，历代扩修，唐时初具规模，清代日臻完美。清溪古镇是古南方丝绸之路上一个最重要的驿站，牦牛道、沈黎道、清嘉道交会于此，成都的丝绸，雅安的茶叶，乐山的盐巴，西藏的马匹药材，云南乃至南亚的珠宝玉器，全在这里会聚中转；各种文化在这里碰撞交融。清溪扼古道要冲，街市繁华，生意兴隆，有"建昌道上小潼关"之称。

清溪城北枕峨山，东西南临涧，古城四周有逶迤的城墙，城墙上的雉堞历历可数；城墙之内阡陌纵横，分布着鳞次栉比的屋宇、屋舍俨然的书院；城中屋宇沿十字形中轴线分布，树木掩映，白墙黑瓦，错落有致，呈现出一派祥和安宁的气象，恍若世外桃源。

鼎盛时期的清代，清溪城内有九街十八巷，南来北往的商贾川流不息。旧时的清溪设置齐全，有文武衙署、学署、拷棚、文庙、祠宇等 28 座，还有牌坊、楼、亭 18 座。由于防守的需要，南北城门处还设有两处营盘驻军，西门处有大校场，用作练兵习武。如今这些设置虽已废弃，但古貌依稀，成了小地名。充满古城韵味的北城门洞，仍然是居民们进出的通道。打着雨伞的姑娘、骑着摩托车的小伙儿、赶着驮马的老农，都从高耸威严的城墙下的甬道里进进出出，将悠长的历史压缩成一幅亮丽的风俗画卷。

弹丸之地的清溪，"九街十八巷"十分狭窄，一弯一拐就到了另一条街（巷）。其实主街只有两条，一条南北向，一条东西向。南北向的俗称"老街"。穿过武安门就走到了老街，老街不到 200 米，南北落差 10 多米。木结构的房屋以四合院为主，目前保持完好的还有好几家。

老街几乎都是旅店，背夫住的要简陋得多，商贾要好些，过往官员更是

清溪古城北城门——武安门

清溪古城中的清溪县文庙

清溪古村

讲究。这里有一家姓李的，以前开鸡毛小店，后来贩运茶叶发了财，便修了一个大店子名叫"永发店"，后来发展成"永发连锁店"，在清溪城内开了三家，除上永发店、下永发店外，最早的名为"老永发官店"，专门接待达官贵人，每天可以住300多人。

清溪古城保护最好的当数文庙，是四川省内保存最完好的木结构建筑。清溪文庙始建于清嘉庆四年（1799年），共三进院落。在建文庙前，这里是远近闻名的玉渊书院。玉渊书院建于南宋开禧元年（1205年），比朱熹的白鹿书院只晚26年。

转过弯弯曲曲的文庙巷，就是"万仞宫墙"，色彩斑驳的墙体具有皇家气派。在宫墙的中部，依稀有道门影，这就是状元门，相传要出了状元，才能打开此门。文庙里除了斗拱重檐、琉璃碧瓦的大成殿，冠戴般的棂星门，还有滴水桥、泮池、礼乐亭等设施。

在文庙建筑中最有价值的是棂星门。四柱三间三层的石牌坊，坊身布满浮雕，坊顶有4根龙缠冲天柱，全是镂空雕龙，精妙无比，全国罕见。浮雕图案中，状元打马游街图特别有趣，状元喜气洋洋，百官也形态各俱，惟妙惟肖。

夫子像前跪着的是郭万俊，他是清光绪二年（1876年）进士，曾任清朝驻日本长崎理事，跪在这里，也算是荣耀故里。

文庙古树参天，还有千年紫荆、百年丹桂等名贵树木。那株千年紫荆，树不高，但树枝粗壮，中间有空洞，30多厘米宽的裂缝，直通地底，经常有小孩在这里捉迷藏，在树缝中钻来钻去。

九襄：背不完的"汉源街"

出清溪往山下走10多公里，就是九襄镇。

九襄镇和清溪镇一样，以前都曾做过汉源县的县城。在九襄有条老街叫"汉源街"。汉源因汉水之源而得名。汉水今指流沙河，这里是木槿水和流沙河冲积形成的得天独厚的"小平坝"。相传，诸葛亮南征七擒孟获时，曾赞誉这里为"天下大乱，此处不乱；天下无收，此处半收"。

雍正二年（1724年），九襄正式开场，从此，定期举行集市，取名"汉源场"，由此形成的街市就叫汉源街。至此，店铺林立、商贾云集，有"背不完的汉源街，填不满的打箭炉"一说。

汉源老街的街头叫"闸子门"，城门还保持着旧时城墙的原貌，两边的大石柱用方正的石块堆砌而成，在圆弧形的城门头上刻着"九襄镇"三字。穿过"闸子门"，就走进了古貌依旧的老街。

汉源街有正街、背街，大小18条主巷，阡陌纵横，星罗棋布。站在整洁的小石子和水泥铺就的街道上，左右两旁清末民初修建的木质青瓦房屋整齐地排立着，从斑驳的木门、木窗中透出的是老街居民平静舒适的小镇生活。九襄镇最引人入胜的是明清留下的四合天井大院。宜头巷的范家大院、火炮巷的王家大院，至今保存完好，是典型的明清中式风格建筑。气派的青砖大瓦房，雕梁画栋的廊柱与窗栏，天井厅堂耳房相连，青石板铺就的台阶，都是昔日主人富有精致生活的痕迹。共和街上建于1945年的源源号，楼高三层，砖石墙体，内有本质楼板和雕栏廊道。站在三楼，略过汉源街鳞次栉比的瓦屋，可远眺相岭四时之景，近俯汉源街的繁荣。

老街上不时见三五个老人悠闲地坐在门口摆龙门阵；街边的小铺摆放的花布、手工绣鞋垫等琳琅满目；沿街补锅、补衣、修锁、修表的小摊，生意繁忙；铁锅臭豆腐、渣渣面、锅圈子、酥锅盔、油卷子的香味扑鼻而来。土墙、石墙、木板、篾笆、青瓦、雕花成为老街建筑的特色。民居紧挨相依，真有"房椽当街伸，廊柱手相牵"之感。

在汉源街的街尾，矗立着一座石牌坊，叫九襄石牌坊，有"成都出南门第一坊"的美誉。

九襄镇汉源街风景

九襄石牌坊建于清道光二十九年（1849年），按"忠、孝、节、义"主题雕成传统戏曲场景。牌坊造型奇特，石刻技艺精湛。雕刻内容非常丰富，多为镂空或半镂空的深浮雕，共169幅、570余个人物。或独自一人，或群集于一，皆自然逼真、面目清晰、姿态各异。或翘首企盼，或卧枕而眠，或抱琴瑟而弹，或旌旗伸展，个个栩栩如生，线条清晰，尽显中国古代石雕之高超技巧。

当地围绕石牌坊建设牌坊新街，与"汉源街"连接起来，新街老城，既有历史文化底蕴，更不失现代生活风尚。

宜东：飞越岭下有条"老陕街"

出九襄镇，沿流沙河西行30多公里，便到了宜东镇（古名坭头驿，历史上曾置飞越县、坭头分县等）。再往西走，就是飞越岭。宜东是川藏茶马古道上古建筑遗存最多的地方,也是古风貌保存相对比较完整的地方。

古镇依山傍水而建,有正街、后街、老陕街三条主要街道。正街,是茶马古道直接贯通的街道;后街,是居民居住的地方,与正街形成包围状;老陕街是陕商茶号(茶店)的仓库。

宜东古镇高峰时期有茶号200余家,每日过往客商有数百人之多,成为雅安至康定官道"大路茶"的茶包转运中心。古镇上的老茶号至今保存得非常完好,很多还是一两百年前的样子。

位于老街的陈家大院,至今已有二三百年的历史,院内坝子和屋檐石都用青石铺设,石头柱础上的精美雕花和大门、窗户的木雕,见证着一代代人的繁衍生息。陈家大院是一个完整的四合院,是由陕西商人在宜东修建的。

过去,陕西商人在宜东做生意的很多,至今还有很多陕西人的后代住在这里。四川的陕商多,源于元代时期的川陕合省。李韶东在《茶马古道的陕商》一书中称,"雅安最早的陕商茶号是'义兴茶号'",而这一茶号最早出现在宜东,"'宜兴茶号'匾额是明洪武四年(1371年)所立","义兴刘家、天增公姚家,还有恒泰等其他商号,陕西商帮大都以姻亲相互托携,外出开办商"。

宜东不仅有陈家大院,还有护国桥、五省庙等老建筑。这里的居民来自五湖四海。如今宜东镇的居民大多是从外省移民的后裔,各地移民各自建了庙宇,如江西馆、陕西馆、禹王馆、南华宫、三江寺等,后来合在一起成了"五省庙"。

"豆腐、老陕、狗,走尽天下有",著名藏学家任乃强先生一生著述很多,出版于1930年的《西康诡异录》在提到康藏的陕商时,首先说的就是这句民间歌谣,说明陕西商人的身影四处可见。

由于宜东地处雅安至康定的中心位置,背夫茶路在此分为上半段和下半段。从雅安背运茶叶到这里交货的称"短脚",一直背到康定的称"长脚"。

宜东孚和茶店旧址

每年经过这里的茶包多达五六十万包，如果按每人平均背运10包计算，每年从这里经过的背夫多达五六万人次，可见当年茶马古道上人来人往的繁忙景象。

磨西：古道重镇

贡嘎山南北长约60公里，东西宽约30公里，主峰东面属泸定县磨西镇和新兴乡。从泸定县往东行，翻越二郎山后就进入了千里沃野的四川盆地，这里是巴蜀农耕文明发祥地；如西行数十公里，翻越海拔4000多米的折多山后，则进入横断山脉的高原游牧文明区域。横躺在这条分水岭上的泸定县成为康藏边地前沿，而蜿蜒在贡嘎群峰之间的大渡河谷，则是一处亦牧亦农亦商的特殊地带，最有代表性的古道驿站就是磨西台地上的磨西镇和新兴乡。

磨西古镇

磨西镇位于甘孜藏族自治州泸定县南部,古称磨西面,原系氐人后裔磨些人的聚居地。建在贡嘎山下一个狭长地带的高台平地上,东西北三面绕水环山。

　　"磨西"一词是藏语,意思是"不懂"。相传在很久以前,有汉族商人经过,便询问此地地名。喇嘛不懂汉语,于是用藏语说"磨西",汉族商人以为"磨西"就是地名。磨西由此得名。

　　其实"磨西面"是一个地理学名词。大约在一万年以前,冰川融化的冰水携带着大量的冰碛、砾石,经过连续或间断地堆积,将大渡河岸磨岗岭西边这条半封闭的沟谷堵塞,并形成了大面积的倾斜台地,这台地就是"磨西面"。

　　这里曾经是通往西藏的必经之地,尤其在泸定铁索桥修建之前,从成都、雅安进藏的官兵商贾都是经磨西,翻越雅家埂抵达康定,再转道西藏。1706年,泸定桥建成后,背夫改走泸定桥,避开了冬天磨西到雅家埂垭口的冰雪路,这里逐渐冷清。只有来自云南大理(经木里、冕宁至石棉)和四川西昌的商队、背夫仍然经过磨西,翻越雅家埂到康定。

　　海螺沟以低海拔现代冰川闻名于世,是中国唯一的冰川森林公园。景区入口就设在磨西古镇,让这座尘封已久的古镇重新名声大振。

　　如今古镇居民人口上万,大多是来此从事旅

磨西老街

游业的外地人。很多老屋虽然翻修过，但古韵依存。青石板路原汁原味，连石板路与木屋边缘的石阶都保持着原样，错落有致。

磨西古镇还是一个中西文化交融的小镇，既有中式建筑，也有1918年法国传教士修建的哥特式天主教堂。天主教堂位于磨西中式建筑的小巷深处，它的存在给小镇增添了别样的韵味。1935年5月29日，中央红军长征途经磨西，毛泽东等人曾夜宿磨西天主教堂。红军长征，让磨西古镇增添了一道亮丽的"红军红"。

从磨西镇到新兴乡不到10公里，坐车也就是踩一脚油门的功夫。以前背茶的脚夫们一般日行三四十里路，脚程快的背夫走半天就能到。

由于新兴乡是翻越雅加埂进入康定的最后一个补给站和歇脚处，大部分的背夫都会在新兴乡投宿，以准备第二天翻越雅加埂。

康定：跑马溜溜的"茶城"

康定古称打箭炉，是一座因茶马互市而闻名的城镇。

康定的藏语是"达者都"，意为"三山相峙，两水汇流之地"。作为川藏咽喉、茶马古道重镇、藏汉交会中心，康定因一首家喻户晓的《康定情歌》而闻名。

20世纪30年代，康定已出现了汉商（川商、陕商）、藏商（僧人、土司、头人）和外商（印度、尼泊尔）的交易活动。1939年，康定向内地运出羊毛40万斤、麝香1200斤、兽皮4万余张，虫草、贝母等名贵中药材累计15万斤左右；而从内地输入布10万匹，面粉、青油两项累计近80万斤。最大宗的生意还是茶叶，这一年有33万包茶叶（每包60斤）输入康定。可以说康定是一座因茶而兴盛的古城。

不上跑马山，不算到康定。站在跑马山山顶，康定城尽收眼底，远处

雪山下的康定城

是连绵的雪山。跑马山在康定城东南边。从清代至民国，这里年年都要举行赛马会，远近的牧民中骑术精湛者，都前来参赛，观众云集。康定人就把这地方称为跑马山。

跑马山上的凌云白塔是康定的标志性建筑，也是康巴藏区特有的佛塔。塔高21米，常有白云缭绕塔顶，为跑马山增添了几分神奇。每年农历四月初八的"佛诞节"人山人海，转山朝拜佛祖，并在这里举行隆重的晒佛活动。如果遇上农历七月初七（即中国的七夕节），还有跑马山"康定情歌节"。

折多河从康定穿城而过，康定老城南起公主桥，北至北门广场，东到向阳桥，面积不足两平方公里。老城三山环抱、二水夹流，再没有空间可以发展。今天的康定城，人口密度最大达13667人每平方公里，是全球"人口密度最大的城市"。

这里不仅常住人口多，来自天南地北的游人更多，仅城区的宾馆酒店就有200多家。为了发展，康定人将目光聚焦到了原榆林老乡政府周围的坡地上。从规划至今近20年了，康定新城的名称经历了多次更改，最早取名为"榆林新区"，后更名为"康定新区"，最后定名为"康定新城"。从不足两公里长的"溜溜"（形容狭小）城，演变成了十余公里的"长龙"阵。

跑马山

折多山,被称为"康巴第一关",是旅行进入西藏的真正关隘。

第六章

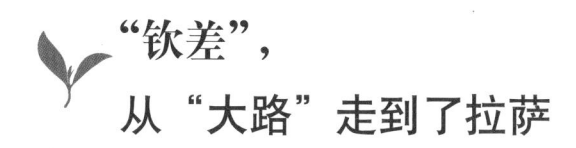

"钦差",
从"大路"走到了拉萨

  虽然川藏茶马古道在明代就被定为"朝贡道",但由于这条路远离中原,鲜有文人墨客行走。直到清代,驻藏大臣往来都从这里经过,记载这条路的诗文开始多了起来。较为有名的有清朝果亲王的《西藏日记》。

  雍正十二年(1734年),果亲王奉旨赴泰宁(今道孚县泰宁古城),经理七世达赖喇嘛归藏。"栈路在山半,峭壁干霄,横空鸟道。"在果亲王的眼里,这条茶路十分险峻。

  果亲王只是到了泰宁就返回了,算不上是完全的"赴藏"。较为完整的有清末黄懋材和民国时期刘曼卿两位钦差的著作,他们分别留下了《西輶日记》《康藏轺征》。另外,"湘西王"陈渠珍的《艽野尘梦》也值得一读。

  陈渠珍曾任清军管带,率兵进入西藏。《艽野尘梦》中记录下清王朝覆亡前夕,陈渠珍进出西藏的艰难旅程。书中对从雅安到汉源、康定这段道路的气候、地形都有十分精彩的描写:"过大相、飞越诸岭,皆重峰叠嶂,高峻极天,俯视白云,盘旋足下。大相岭,相传为诸葛武侯所开凿,故名。"

《西鞾日记》影印件

雪来又三十里渡河水流湍急日夕抵雅州府
十二日出南门山路崎岖沿溪曲折行四十里逾溪而南宿观音场行李悉换背夫
十三日早起上坡十里下坡十里至高桥入荣经界又十里石家桥尖又十里过渡又二十里上坡过渡计程六十里
十四日行三十里入清溪界十里黄泥铺入山沿溪而行鸟道崎岖乱石狼藉木交加过二板桥用铁索牵连十里宿小关近关一段尤为陡峻斜七十余度关口仅容二马雨山壁立茅店十数家虽赤日亭午御觉阴寒

四十里抵巴塘一路悬岩峭壁乱石参横溪水急湍与泸河无异惟天气和暖袁升至八十四分五
二十九日午正测得太阳高弧五十九度稍弱南棱四十分
自裹塘至巴塘七站计五百四十五里
巴塘汉番三百余户设粮务一员都司一员天气和暖土壤膂腴青稞菽麦岁有二秋蔬茶之颓亦可栽种有丁林寺喇嘛三千余众或云丁林为古丁零羌之遗种或云巴塘郎白狼王唐菆之故地皆无可考

黄懋材：为"横断山"命名

光绪四年（1878年），丁宝桢以"西藏密迩印度，英人占据独吉岭，加意经营，与卫藏逼近"为由，派遣江西贡生黄懋材"游历印度，察看形势，绘画与图，以资考证"，由四川经西藏到印度考察，走的就是"鸟道崎岖，乱石狼藉"的茶马古道。

肩负考察重任的黄懋材经雅安、康定到达巴塘后，遭到当地人的拦阻，不得已调头南下，改走滇缅，最后进入印度。

途中，黄懋材看到澜沧江、怒江间的山脉连绵不绝、南北走势，水也是从北往南流。好不容易翻过一座山，气儿还没喘匀，又见另一座山横在前面，他不由长叹："魂断山！魂都断了！"横断山脉因此得名。

从空中俯瞰横断山脉

到了印度，黄懋材看到从中国偷运过来的茶种经多年培育已成规模，价格还比中国茶便宜，导致中国茶叶滞销。最重要的是英国人仿照雅安砖茶的样式，成包销往西藏，试图让西藏摆脱对内地的经济依赖。

黄懋材感叹印度火车的"追风逐电，神速无伦"，也感叹电报"虽相距三千余里，然往复甚捷，无疑面谈"，煤气灯则彻夜光明，自来水进入普通人家……

回国后，黄懋材绘制了《五印度全图》《四川至西藏程途》《云南至缅甸程途》，此外还著有《西辀日记》等"得一斋杂著四种"。《西辀日记》记录了途中的山川地理形式、风土人情。黄懋材不但给横断山脉命名，而且预见了英国入侵西藏的茶叶战争。

刘曼卿：万里赴藏

1929年8月1日，国民政府"特使"刘曼卿从上海出发，只身赴藏，虽"道途梗阻，积雪没胫，盗匪充斥，其间屡濒于危"，但"达使命而返"，为恢复中央政府与西藏地方的直接联系立下了汗马功劳。

刘曼卿从南京溯长江而上至重庆，再到成都后，沿川藏茶马古道，经雅安、康定、雅江、理塘、巴塘，进入芒康，再经昌都，最后抵达拉萨。在她所著的《康藏轺征》一书中，对雅安茶叶和背夫都有相当多的描写：

自雅（州）至（打箭）炉则万山丛脞，行旅甚难。沿途负茶包者络绎不绝，每茶一包重约二十斤，壮者可负十三四包，老弱则仅四五包已足，肩荷者甚吃苦，行数里必一歇，尽日仅得二三十里。输入（藏区）总数，每年为八百余万斤，代价约三百万两。康定茶税，一年规定为十一万两，其征收法论数不论质，百斤为一引，每引抽捐二两。近年川藏隔膜，印茶竞争，茶商倒号者日有所闻，亦可惧也。

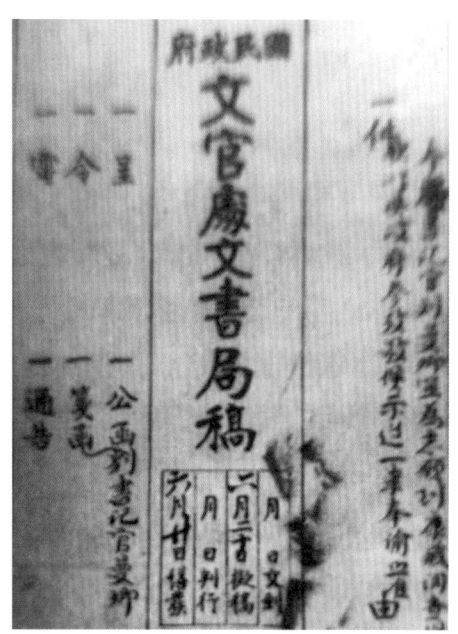

国民政府批准刘曼卿赴藏考察档案　　　　　　　　　　　　　　刘曼卿旧照

更为难得的是，刘曼卿还用文字给沿途的城镇"画像"，如雅安"四面环山，城坦犹在釜"；康定"三山夹抱，地势褊狭，急流两支贯其中，水砾相击，喧声腾吼不可终日"；昌都"城在两水之间，庙宇伟大，高出民房一倍数倍有差，共六处，规模略似"；拉萨"周围无城郭，两面临河，一面倚山，惟一隅有少许堡垒略如城门"……寥寥数语，有白描，也有比喻，把各地的山川地貌说得清清楚楚。

更为巧合的是，黄懋材和刘曼卿都不约而同地说到了"川茶"和"印茶"的竞争，家国情怀，跃然纸上。

第七章

彼岸的眼光

19世纪中叶，鸦片战争打开了中国国门，西方人的脚步也开始踏上了茶马古道和南方丝绸之路交会之地的雅安。最早对雅安有较为完整记载的是法国传教士古伯察。

古伯察：潜入拉萨后被"礼送"

古伯察是法国入华遣使会会士。他乔装打扮，从内蒙古秘密进入西藏，1846年1月29日到达西藏首府拉萨。

古伯察在拉萨居住近两个月之后，驻藏大臣琦善奉清朝廷的命令予以驱逐，被"礼送"出藏。他的"礼送"路线就是从拉萨出发，经昌都、巴塘、康定、雅安，抵达成都后，再经武汉、广州等地到达澳门。

在古伯察的《中华帝国纪行》一书中，第一章写的就是他从打箭炉到雅安的旅程：

在这些狭窄的山路上，你随时遇到一长队一长队的背夫，背着雅州的茶砖，送往西藏各地。

这种茶经过压制，粗粗地压紧成一包包，再用皮带捆紧，背在背夫的背上。在他们当中还有老翁、妇女和小孩，他们一个跟着一个地爬山。

茶砖是中国内地与西藏之间贸易的大宗货物，很难相信这么大宗的货物每年从四川运出来。这些肯定不是生活必需品，但是它们与藏民生活习惯和需求联系得如此紧密，以至于他们现在到了如果没有茶砖就不行的地步。

古伯察也写到了沿途的城镇：

清溪的风特大，每天傍晚狂风大作，摇撼房屋，发出啸声，仿佛一切要化为碎片。离开清溪县之后，我们在雅州府停留，雅州是一个二等的漂亮城市，有着令人陶醉的清新。我们住的客栈，有一个漂亮的大院子，供旅客住的房间环绕着大院子。

古伯察在书中预言："中国的国门必将被打开。"

在古伯察的笔下，有较多篇幅提到了茶和背夫，为我们勾勒了100多年前雅安到康定的茶马古道的大致"轮廓"。

唐古柏：一个着长袍蓄长辫的乔装者

《中英烟台条约》签订后，经雅安进入康藏的外国人猛然增多，其原因是《中英烟台条约》中的"另议专条"，英国人获得了由川滇入藏的"合法"权利。此后，西方列强纷纷效仿。"另议专条"的背后，与雅安藏茶有关。

1856年，英法俄与中国签订《天津条约》，外国人可以到中国内地游历。从19世纪下半叶开始，英国人、法国人的身影出现在这里。唐古柏就是藏印商路的最早探路者。

19世纪下半叶，英国商界迫切要求打开中国的西南门户。英印政府把目光放在了西藏巨大的茶叶消费市场上，企图将印度的茶叶打入西藏消费市

《一个留辫子穿马褂的商业先驱的旅行记》一书中的手绘图

场,进而形成战略扩张,扩大在华经济利益。然而,对英印政府和商界来说,藏茶究竟在哪里生产?生产工艺怎样?茶叶如何运输?路程有多远?西藏地区的茶叶市场到底有多大?利润能达到多少……这一连串的问题亟须得到答案。

于是,一个又一个英国人被派到四川雅安至巴塘、云南丽江至巴塘一带的茶马古道上考察。他们从各个角度搜集、整理中国西南边疆的茶业经营情报信息。

近代进入"康区"(今四川的甘孜、阿坝、凉山、雅安,云南的丽江、迪庆,西藏的昌都和青海的玉树一带)游历考察的外国人来自20多个国家,人数达600多人。外国人进入康区的目的主要有三:一是传教;二是政治经济贸易的考察;三是科学考察。

外国人入康路线主要是青康、川康和滇康三路,其中经雅州(今雅安)入康的人数占了一多半。进入康区的外国人首先关注的就是茶叶贸易。

1867 年，英国人唐古柏在上海接受一个欧洲商人团体的委托，寻找一条中国和印度之间更短更直接的茶叶贸易通道。

唐古柏从中国上海出发，经重庆、成都、雅州、打箭炉到达巴塘，打算伺机取道西藏察隅，再到达印度阿萨姆，却在巴塘受到抵制，只得按原路返回。

1869 年 5 月，唐古柏获得加尔各答英国商会的支持和英印政府的协助，打算从印度阿萨姆至中国巴塘考察，中途被西藏的军队阻止，考察失败。

虽然探路未果，但他看到了巨大的商机。唐古柏在 1871 年出版的《从中国陆地到印度旅行》一书，是西方人沿茶马古道探路游记的先驱之作，比英国人戴维斯于 1911 年出版的另一著名探路游记《云南：联结印度和扬子江的锁链》，整整早了 40 年。

唐古柏两次进入藏区，最大的收获就是发现了"茶叶市场"。在《从中国陆地到印度旅行》一书中，唐古柏对茶马古道沿途商贸与民族风俗都有记载和描写，可以折射出古代商路的贸易情形。

在进入通往打箭炉的峡口处，我们超过了一队将近 200 人的从雅州运茶到打箭炉的队伍。在陡峭的二郎山下，在大渡河边的羊肠小道上，长长的运输队伍的侧影看上去犹如一道风景线，每个男子平均背负 8 包茶叶，即 72 公斤，也有背 12 包的，大约 109 公斤。在路上我发现过有着数百人的长长的运输茶叶的背夫队伍。

唐古柏得知，打箭炉有 48 家锅庄，来自雅安、名山、荥经、天全、邛崃的南路边茶，源源不断地运到打箭炉，在锅庄交易后再转运到西藏、青海等地。

唐古柏设法从客栈老板那里打听到了砖茶的制作过程和工艺，并对不同等级的茶叶产地、采摘时间、制作工序、单价、销售区域分别做了详尽的描写，为印茶的生产工艺和标准提供了较为准确的参考依据。

唐古柏认为，在印度阿萨姆邦布拉马普特拉河谷的坡地上种植的茶叶，就能取代中国内地的茶叶，占领中国西藏的市场。他回到印度后，立即向英属印度政府提出建议：中国一旦准许印度茶叶入藏，印度茶叶在与雅安茶叶的竞争中可轻易获胜——"茶叶是打通西藏线的有力武器，印茶若能取代川茶，英国将获巨利。"

李希霍芬：半途而废的考察

继唐古柏之后，考察川藏茶马古道的外国人日益增多。1872年春，德国地理学家、"丝绸之路"的命名者李希霍芬也到了雅安，他打算考察神秘的贸易大道——南方丝绸之路。这是他在中国的第七次考察，也是他离开中国前的最后一次考察。

"雅安是座大城，因为经水、陆可达，所以它便成了一个尤为广大、尽管并非人口众多的贸易枢纽，西藏和西昌是经过这里供给物资的主要地区。"

在李希霍芬眼里，雅安就像德国著名的旅游胜地巴登。"在这里溜达，进戏院，逛商店，似乎在尽情地享受生命赐予的最好东西。"

从雅安经荥经到汉源，南方丝绸之路和川藏茶马古道是重合的，到达汉源九襄后，南方丝绸之路南下至滇缅，川藏茶马古道西进抵达康藏。李希霍芬走的这段路正好考察了这两条贸易大道。

在从名山到荥经的路上，李希霍芬写道：

路依旧在红壤梯地上延续，完全由滚石铺就，因此十分难走。进雅州府过的是浮桥，一条约10寸粗的竹缆绳横在河面上，在湍急的水面上呈向下游弯曲的拱形，绳的底面上拴着一排排列密实的竹束的细端。粗端用两排柴束覆盖，柴束中间是覆盖着垫板的路。

他看到了有很多茶树。

名山县因为大量生产茶叶以供应西藏所需而惹人瞩目。这里的茶树高大且长着深色的叶子。这里的人不怎么讲究地用大叶子泡茶。据说茶叶被

1943年,《美国国家地理》记者在雅安考察茶马古道时拍摄的照片。

1944年,《美国国家地理》记者在雅安考察茶马古道时拍摄的照片。

第七章　　　　　　　　　彼岸的眼光　　　　　　　　　　　　105

运往打箭炉进行加工，成了砖茶。荥经县生产大量的茶叶，周围的山谷都在红砂岩上种茶。茶农现在把茶用大口袋装着背到荥经去卖，都是些带着枝子的老叶，晾了一下，都还没卷在一起。到了荥经它会烘干和炒一下，然后打包运到打箭炉。这里的人会让茶树长到10米高，许多山坡都种满了茶树。

李希霍芬的考察之旅，最终止步于大相岭。

在大相岭，李希霍芬独自走在前头，把跟随他的队伍甩了半里多。在一处陡然深陷的山沟处，他遇到了一队50多人的抬棺队伍。李希霍芬的随从和这支队伍在山谷中狭路相逢，发生了争执。

这队人仗着人多，说是李希霍芬的人弄坏了棺材，并打伤了人，要求李希霍芬赔偿。最先对方要求赔偿20两银子，后来又涨到了400两。无奈之下，李希霍芬只得往回走到荥经县，找地方官员裁决。

荥经知县惩罚了那伙人。但李希霍芬不敢再往前走了，因为对方带队的是一个军官，而护卫雅州府到宁远府这条通道的，正是这位军官的同乡，他怕招致报复，只得中止考察。

"放弃我的整个旅行，我很难受，但我不得不这样做。"李希霍芬几经犹豫，他痛苦地取消了这次探访之旅。

22日，他带着惆怅和遗憾，从荥经县城往回走，23日回到雅安稍作逗留，便乘船到了乐山，再到宜宾、重庆，沿长江而下到达上海，结束了在中国的考察之行。

"专程"考察：偷窥雅安藏茶生产技术

1895年，一本名叫《四川西部的茶树种植以及经由打箭炉与西藏的茶叶贸易》的小册子出现在英国人面前，作者是罗森。

罗森是谁？他是怎么到雅安考察的？这一切尚是一个谜。只是书中的信息告诉我们，罗森是1891年从雅州到打箭炉，再经天全回到雅州的。

罗森在书中写道，最好的茶叶产自四川西部名山县的蒙顶山之上，这座山距离西部产区城市只有15里路。山顶上有一座佛教寺庙，据说那里的僧侣们照料着只有7株茶树构成的一个小茶园，他们也是该茶园的守护者。

相传这些茶树由后汉一个叫吴理真的人种植，这些茶树每年只能生产几磅重的茶叶。地方官员们每年都要到那里监督茶叶的采摘，然后把这些茶叶作为贡品进贡到北京。一种叫"蒙茶"的茶叶盛名远播，同样也出自此山。

有一种流行的说法：要得到一杯上等好茶，必须具备两样东西——"蒙顶山上茶，扬子江心水"。

为此，罗森还对这一流传甚广的著名茶联进行了考证——

我在上海居住的时候，有机会拜访了这个城市的地方官员，向我讲述了好水对泡出好茶的重要性，并告诉我他只使用扬子江中水泡茶，而从来不用其他水。我问他从哪里得到这种水，他告诉我是每天从镇江运来的。

或许罗森在上海就听说过这一茶联，为此专门去镇江考察。经过一个水湾时，罗森看到许多小船驶入深水中，船员们把水桶灌满，然后返回到岸上。询问后才知道水底有一个非常有名的泉水。在泉水处有一块石碑，上面还有对此泉水的记载。

到了雅州，罗森先考察茶树的栽培。

在早期阶段，茶树会与其他农作物一起种植，共享土地资源。这些农作物多数是玉米。茶树丛一般可以长到两到三英尺的高度，很难长到人的肩膀那么高。前三年，这些茶树自然生长，不会被过多干预，第四年开始第一次采摘。

采摘的茶叶又是如何加工成藏茶的？罗森写道：

茶叶原料被运到城镇，进入当地的茶叶工厂，为进入西藏市场做准备。

把老梗和茶叶切好，并再次干燥。然后再把它们以一定的比例混合，放入一个大木桶中蒸。然后在一张干净的垫子上铺陈开，当表面干了之后，再加入足够量的米浆，以使其具有黏性。完全搅拌完成之后，茶就可以开始包装了，首先要做的是制作大量的小茶包，然后用红纸包好。同时准备好合适长度和宽度的薄薄的竹片编织的垫席，并将普通的白纸贴在里面。这些竹席都被卷成圆柱形，一端用前面提到的红纸包起来的茶包封闭，茶叶从另一端被紧紧地包在里面。最后还要用带有红纸的另一个茶包封口。

罗森记录的藏茶生产加工过程虽然已过去100多年，但与今天藏茶的生产加工过程仍然大致相同。

藏茶又是如何运输的？罗森跟随背夫的脚步，走上了川藏茶马古道。他记录下了这样的文字：

从雅州至打箭炉有两条路。主要的一条路向西南到荥经，然后穿过大相岭到达清溪，再穿越飞越岭到达化林坪、泸定。从雅州西北到天全有一条较短的小路，在那里抵达大渡河河谷泸定，两条路汇合，最后抵达打箭炉。

罗森到打箭炉，看到了藏茶背进了"锅庄"：

背夫把藏茶背运到打箭炉，城门口就有一名代理人对这些茶叶进行清点和登记，然后再放入货栈，以待销售。打箭炉城里共有36家汉族人开的货栈，有48家西藏人开的代理机构（锅庄）。贸易量大的商人通常拥有属于自己的货栈，但是其他商人得临时租用仓库。购买完毕之后，还要对茶叶重新包装。首先移除外包装，茶叶被切割成两块后再装进硬包装里。茶叶由打箭炉的西门运出，此地位于去西藏的大路上。

罗森考察了藏茶从生产到销售的全过程，并完完整整地记录了下来。罗森在书中还特别提到，在中国，内地与西藏的茶叶贸易早已经引起了西方旅行者的注意。

茶马古道上的背夫（威尔逊于1908年拍摄）　　　　　　　　　　　　茶马古道上的背夫

因为茶叶贸易的存在，从雅州到打箭炉的路上，背夫们步履蹒跚地负重翻越大山，沿着异常难行的道路前进，背运的是细长形竹篾包装的茶包；从打箭炉到西藏的路上，到处都是无尽的牦牛商队，商队运输的是牛皮包半装"砖茶"。

对于茶叶的运输成本，罗森也进行了深入的考察："从打箭炉去巴塘价格大约要翻一倍，到察木多（昌都）再达到3倍，到达拉萨时则已经到了4倍。"

西藏茶叶消费市场究竟有多大？通过调查，罗森发现每年朝廷发放的茶叶票引数量为139354张，市场十分广阔。

为此罗森的结论是：印度靠近中国西藏，印度茶是完全可以进入西藏的。但要解决一个问题：西藏对藏茶的"口感依赖"——印度茶叶没有得到西藏的消费认可，其原因在于中国茶叶在涩感和口感轻重方面更具优势。

考察结束后，罗森还绘制了雅州、打箭炉一带的考察路线图。

昙花一现的印度砖茶

后来，又一个外国人的身影出现在了雅安，他叫詹姆斯·哈奇森。

"在中国，茶叶中似乎有一种天生固有的东西，让它在西藏广受欢迎，而印度茶叶中似乎有一种天生瑕疵，使得西藏人对印度茶拒之千里。"这句话表明了当时英印当局对中国的茶叶极为关注，同时也觉察到了自身的"瑕疵"。他们迫切想搞清楚到底是什么原因导致中国内地茶叶在西藏广受欢迎，而印度茶叶却受到如此大的抵制。

当年哈奇森的任务，就是到藏茶的生产中心雅安进行秘密考察，为印度茶叶进入西藏提供"口感"支撑。

1905年3月11日，哈奇森于从加尔各答出发，乘坐轮船到达上海，再辗转到成都。哈奇森没有在成都逗留，而是直接到了雅安，再沿着茶路到达藏茶贸易中心——打箭炉。

哈奇森前前后后在雅州花了一个半月的时间，考察了雅州周边的茶产区，包括名山、天全、荥经、芦山以及峨眉、洪雅一带。哈奇森在蒙顶山看到了老茶树，"那里有7棵非常有名的茶树，树龄超过了2000年"。他还特别提到蒙顶山有一个"莲花山会"的茶事活动。

哈奇森在说到中国西藏与内地的茶叶贸易史时提到，西藏的茶叶贸易已经存在了很长时间。虽然无法找到关于茶叶贸易具体时间的记载，但他认为此项贸易的发起人值得尊敬。

哈奇森到达成都后，在一家商行里发现了一种叫"蒙茶"的茶叶，了解到这种茶是以附近的"蒙山"为名的，而"蒙茶"作为贡茶，每年都要送入皇家，是皇帝用于祭天的茶，所以这些茶树被专门保护起来，任何人不得随意进入保护范围。哈奇森认定吴理真"是茶行业的守护神"。

在雅安，哈奇森考察了多家藏茶生产厂家，并记录下了全过程，尤其是

"口感"方面，进行了对比研究。最后，他得出了这样的结论：印度砖茶引入西藏失败的原因，第一是口感与中国茶叶不同；第二是包装纸不适合；第三是砖茶做的分量不够，过于轻，而且压得不够紧实。另外，印度茶叶过于新鲜。

如果成功阻碍、干扰或破坏中国内地和西藏的茶叶贸易，将有助于破除向西藏输入印度商品的诸多限制。他认为："推进我们贸易的绝好时机似乎就在眼前。"

1906年，哈奇森的考察报告以《供应西藏的印度砖茶：四川任务报告》为书名，出版发行。

由于印度茶入藏运输成本低，再加上印度茶仿制雅安生产"砖茶"，使得印度茶曾一度在中国西藏市场占据了较大份额。

但好景不长，印茶入藏不仅受到西藏同胞的"口感"抑制，还受到中国内地和西藏的抵制。印度茶在西藏市场昙花一现。1935年，印度不得不停止生产砖茶。

又见茶马古道

下篇

雪域茶路

收藏于国家图书馆的《自打箭炉至前后藏途程图》，是清朝光绪二十七年（1901年）驻藏帮办大臣安成所绘，描绘了从打箭炉（今四川康定）进入拉萨，再从拉萨到日喀则的路线图。该图是绘制较精、现存较早的官绘入藏道路图。《自打箭炉至前后藏途程图》，绢本设色，长319厘米，宽44厘米，地图无经纬线、无比例尺，方位为上北下南，左西右东，似一幅山水画。图中以黑色虚线分别表示打箭炉经前藏赴后藏的北、中、南3条路线，较详细地绘出了昌都、拉里、布达拉宫、札什伦布，以及土司寨、寺庙、村落等。图的右下方有题记：

"由炉出口赴藏，共有北中南三道。出炉关北门，由草地直达前后藏，最为捷径。中道出南关偏北赴察木多，皆番商茶路。南道由里巴察拉各台行走，驻藏大臣暨各官兵驰驿所经。因南路天气较暖，居民稠密，易于催办夫马，替还乌拉，然弯曲如弓，道路迂折耳。"

在没有飞机、火车和汽车的年代，清朝入藏官员凭借地图的指引，靠着马匹和双脚，跨越千山万水，抵达雪域高原。这条路也正是"雪域茶路"。"雪域茶路"的起点，正是有着48家锅庄的打箭炉。

第一章

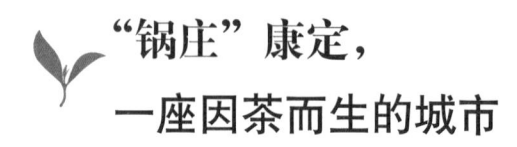

"锅庄"康定，一座因茶而生的城市

打箭炉地处大雪山，在大渡河、雅砻江之间，是西藏入四川的第一要道，因此不少西藏地图均与打箭炉有关。打箭炉，藏语称"打折多"，意为打曲（雅拉河）、折曲（折多河）交汇处。汉语名为康定，因丹达山以东为"康"，取"康地安定"之意。

打箭炉是川藏官道上的要冲，后逐渐成为康巴地区的政治、经济、文化中心和军事要塞。从打箭炉往西，称为"出关"，而往东行，则称为"入关"。作为沟通内地和西藏的"门户"，安成在绘制进藏路线图时，自然把打箭炉作为进藏的起点。

走过"背夫茶路"，踏上"雪域茶路"的旅程，起点就是"出关"的打箭炉（康定城）。

"锅庄"：由来已久

1944年7月底，吴作人来到康定。经朋友介绍，他先是住在基督教福音堂，后来邂逅第二次到康定考察的中国著名摄影家孙明经，又住到了锅庄。

清乾隆十二年绘制的泸定桥至打箭炉道路图

吴作人邀请孙明经参观他的临时画室，墙上挂着木秋云的肖像画。说起这幅肖像画，还有一番"纠纷"。

吴作人画画，孙明经照相，他们的到来，在康定颇为轰动。找上门来求他们画画、照相的人不少。

有一天，经人介绍，木家锅庄的女主人木秋云请吴作人为她画肖像。木秋云才貌双全，有着"康定第一美女"之称。"炉城四十八锅庄，故事而今半渺茫。门内标杆非旧主，木家有女字秋娘。"这是民国时期理塘县县长贺觉非描写康定锅庄和赞美木秋云的诗。

吴作人不到一个小时就画好了一幅肖像画。木秋云十分喜欢，说要多少钱都给，没想到吴作人对画作也是非常喜爱，竟舍不得出手。介绍人只

《打箭炉少女》

得劝木秋云:"这幅画吴先生要用于展览,要让更多人感受到你的漂亮。"木秋云这才放弃。

这幅画后来取名为《打箭炉少女》,成了吴作人的扛鼎之作,不仅多次展出,还被多家杂志作为封面照片,今珍藏于中国美术馆。

后来,吴作人随孙明经去木家锅庄做客,惊讶地看到了堆成山的茶包——竹篾包装的条茶和生牛皮包装的方茶。孙明经告诉吴作人,康定的48家锅庄,虽然规模大小不一,但交易的大多是茶。

从明朝开始,康定一直都是汉藏交易的重镇,藏商和汉商经常来往康定经营商业。他们赶着驮载土特产的牛群到达康定后,用三个石头支锅熬茶。这三块石头被称为安家立灶的锅桩。后来康定城里的藏民在这些熬茶的地方修建起房屋,为远道而来的商人提供食宿,这些大大小小的旅店便称为"锅庄"。

旧时,"汉不入番,番不入汉",康定,因茶叶而兴,商业相当繁荣,

1939年8月，孙明经在康定包家锅庄内拍摄的藏族茶商在改装过的藏茶茶包上签字。一包藏茶包入三条边茶（六个半截的边茶），重量为16市斤乘3加牦牛皮，总量接近60市斤。

1939年8月，孙明经在康定北关拍摄"藏茶"出发地。该两幅照片对于"茶马互市"的研究具有重要意义。

锅庄由最初的13家发展到48家,康定由此成为西陲一大都市。

1806年,横跨大渡河的泸定铁索桥建成通行,极大方便了进出打箭炉的交通,打箭炉茶市更加兴盛。茶市兴旺,使原本为土司"听差伺贡"的打箭炉锅庄,演变成以堆放、销售茶叶为主的商贸场所。

直至民国年间,康定锅庄依然兴旺。1938年,一个名叫邢肃芝的喇嘛入藏"雪域求法",途经雅安和康定、昌都进入拉萨,他多次写到藏茶入藏的见闻。

在雅安,他入住的是夏永昌茶行。"雅安是茶叶的大本营,康藏所需的茶叶,都由这里输出到康藏各地。绝大多数康藏的老百姓虽然没有到过汉地,但他们都知道打箭炉和雅安这两个地方"。

在康定,他住在锅庄。在没有到康定前,他也听说过锅庄,还以为锅庄是"贩卖烹调用的铁锅"。住进锅庄,才知道锅庄是康藏人寄宿的旅馆。

锅庄有大有小……小型的只能住几个人及几匹骡马,大型的不仅能招待数十人,还可以堆积货物,拴圈百匹以上的骡马……锅城主人不仅管理旅馆,招待来宾,还代客买卖。客人所要进或支出的货物,他从中抽取佣金。

锅庄与川西的四合院相似,小锅庄只有一个院子,大锅庄有两三个院子。最大的锅庄是位于折多河和雅拉河交汇处的包家锅庄。

在前往康定的路上,吴作人多次遇到艰难前行的背夫。

车在蜿蜒山路前行时,看到汽车沿瓦斯沟向山中走去。还有一条道是沿大渡河边走的。路都是在山沿上挖出来的。为人走的路挖得很窄。沿大渡河那条道上,有一个茶背子在行走。自雅安做好茶砖,打包后,从雅安背到康定。背茶者手里拄一根棍,休息时把背向山壁一靠,把棍拄在背子下面,人有如三条腿似的,不拿下背子也就休息了……

吴作人详细地记录了背夫的艰难旅程,甚至还记录了一个背夫跌入大渡

1943年，美国国家地理记者考察康定茶马古道所拍摄的照片。

孙明经拍摄的茶马古道上的背夫

第一章　　　　"锅庄"康定，一座因茶而生的城市　　　　119

河而同伴无法施救的悲惨遭遇。

我们车子正往前走时,看到一个年纪不小的人背着一个茶背子沿大渡河边山路前行。正走时,他背上的茶背子与山崖一撞,把人撞出去。眼见他连人带茶背子掉到大渡河水中……我们眼见他顺流而下,但是我们也没法去救他。

藏茶传：为古道"立传",为藏茶代言

1939年8月23日,孙明经跟随川康科学考察团第一次来到康定,受到一位锅庄女主人的热情款待。

折多河从街道中间流过,把城市一分为二。孙明经站在康定的制高点——跑马山俯瞰这座小城。透过孙明经的镜头,后人能清楚地看到一些大大小小的院子,这就是"锅庄"。孙明经拍摄下了康定48家锅庄的珍贵影像,现在这些照片已经定格成了永恒的记忆。康定最后的锅庄也已在20世纪80年代被拆除。

1944年8月9日,孙明经从成都出发,再次踏上了茶马古道的考察旅程。与吴作人相见后,俩人相约,一个用影像,一个用画作,展示茶马古道。

36天后,孙明经回到成都,而吴作人直到次年2月初才结束在康藏的采风之旅。

吴作人在从雅安到康定这条蜿蜒崎岖的山路上,看到背夫背着重重叠叠的茶包,一步一步艰难地到了康定;走进康定锅庄,看到缝纫工匠将竹篾包装的茶改成牛皮包装;沿折多河出南门,看到藏族姑娘背着牛皮包装的茶成群结队地走向南门外;出南门到关外,看到一队队正驱赶着牦牛的商队走进广袤无垠的青藏高原;进入青藏地区时,看到藏商以"行商"的形式,边走

边销售茶叶;在天苍苍地茫茫的草原上,看到藏族同胞们围坐在草地上,大碗喝茶…… 喝到这一碗茶,要历时一年半载,其中的千难万险,更是一言难尽。

为什么藏族同胞喜欢"雅安藏茶"?吴作人在深入研究时发现,"雅安藏茶"是藏族同胞的民生之茶——"宁可三日无粮,不可一日无茶;一日无茶则滞,三日无茶则病。"

于是,吴作人决定用手中的画笔,为古道"立传",为藏茶代言。

尺幅千里,吴作人创作了《藏茶传》卷轴画。但这幅画从未公开展出过。之所以没有公开展出,是因为吴作人将此画赠送给了四川省教育厅原厅长郭有守。1947年,郭有守将此画带到了法国。1953年,他捐赠给了法国赛努奇博物馆。

2013年,吴作人国际美术基金会在准备编撰《吴作人全集(民国时期)》时,赛努奇博物馆这才将此画高清复制后送回中国。2023年5月,随着《吴作人全集(民国时期)》的出版发行,这幅消失了半个多世纪的作品,得以"重见天日"。

也许正因亲眼看见背夫跌进大渡河的悲惨一幕,吴作人开篇的首幅画就是"藏茶入藏":一背夫背负着沉重的茶包,艰难地行走在崇山峻岭中。

《藏茶传》画高38.4厘米,长299.7厘米。再加上引首,全长近4米。除引首外,整幅长卷从右到左描绘的是汉茶入藏到改装藏茶、乌拉娃背茶、牦队运茶、集市易茶、牧民煮茶的场景,画面之间并无明显界限,一帧一帧完整地呈现了雅安藏茶从生产、运输、加工、销售到品饮的全过程。

卷尾还有吴作人先生自题:"卅四年夏吴作人写藏茶传",并有他本人的印章。卷轴上有傅抱石的题签和印章,还有沈尹默的题字和印章,说明吴作人曾为《藏茶传》举办过鉴赏活动。

于笔墨丹青中见画意。《藏茶传》所描绘的内容,是从民族志的角度对

卅四年夏吳作人寫藏茶傳

力背负人山登西藏高原
输送玉可箭鐘冬鍋茬乃瀉藏貨
呂育賣之商授茶高價緣工廠
称序使色
出閒期屋茶商乃集本地女工陵背負
玉聲隊
烏拉娃以茶色上馱藏運馬拉卯陸役
蒼印聲隊工闊運茶人茶地
車池各市集喇嘛寺僧蒼餐育雲以場
呂奶茶院內藏民生活酥必需枚而乃以
代鄰
牧民煮茶

卅四年 吳作人識

吴作人《藏茶传》

川康地区"藏茶"的叙事,也是对川藏茶马古道考察的完整记录。更为难得的是,吴作人先生的绘画与孙明经在康藏考察的影像资料有异曲同工之妙,既可相互印证,也可互为补充。

为古道立传的还有一位名叫福田眉仙的日本画家。

1919年,《中国大观》画册在日本出版发行,作者正是福田眉仙。

"要想绘出真正的日本画,就得去中国全面地练习数年写生。"1909年,34岁的福田眉仙来到中国,在中国采风3年,行程16000公里。1911年回国。深感峨眉山的壮观,他舍弃福田周太郎原名,改名为"福田眉仙"。

《中国大观》分"长江卷"和"黄河卷",在"长江卷"中,有一组从雅安到康定茶马古道的速写,古道、背夫、雪山、大河尽入画中。

第二章

踏上"雪域茶路"

茶叶从四川雅安出发,经"背夫茶路"至打箭炉(今康定),再经"雪域茶路"至拉萨。"雪域茶路"就从贡嘎山的余脉折多山开始。

踏上"雪域茶路",又有什么样的风景等待着我们?

漫长的茶叶贩运路

砖茶从康定到拉萨,全靠牦牛、马帮或骡马驮运。从康定使用牦牛或马帮西运到青海以北需一年半或两年,而到拉萨集散地则需两年半或三年。

为何要用如此长的时间?孙明经考察得知:用牧场牦牛驮运是边牧边运,即一边放牧一边运输;康定以西地处高原,有的地方九十月就开始下雪封山,要到第二年初夏才能再次上路,一年中能用于运输的时间非常有限;因包装藏茶要耗用大量牦牛皮,须宰杀大量牦牛,因此牦牛在运茶途中完成繁殖,经历"交配季节"和"生产季节"。

过去,由西藏各地僧俗首领组织的大型商队"朵巴"——意为到打箭炉贩运茶叶的人,用西藏土特产交换茶叶。每年藏历三四月,高原上的冰

牦牛驮运,越冬的牧场已大雪封山,驮队要等到第二年开春才能启程。 孙明经／摄

康定城门旧景

孙明经拍摄的茶马古道上的牛站

雪消融，当地男女老少就会出门欢送商队离开家乡。商队组织严密，由商人、骡夫、骑士组成，人数往往达数百人，骡马更是以千计。经过半年左右的风餐露宿，商队在藏历十月左右翻越折多山后抵达康定，将带来的土特产交给锅庄，留下少数人在锅庄办理"茶土交换"，其他人赶着骡马返回折多山，将牲畜放养在广阔的草原上过冬。来年春天，他们又赶着骡马重返康定，驮上茶叶，在藏历十月回到家乡。穿越"雪域茶路"，"朵巴"商队来回一趟要一年多的时间。

折多山

直到康巴一带出现了如"邦达仓"这样的巨商,威武壮观的"朵巴"商队才慢慢地消失在康藏高原上。

雅安的郎赛茶厂,是西藏人在内地投资的第一家茶厂,茶厂主人叫次仁顿典,1945年,次仁顿典出生在青海玉树。12岁那年,他第一次随舅舅的牦牛驮队走茶马古道。

牦牛每天只能走上半天，驮队有几百头牦牛，每头牦牛驮两包牛皮茶，每包50斤。每天早上八九点钟就要出发，中午把茶叶卸下来，让牦牛吃草。每一天都是这样风餐露宿，一趟要走好几个月，将茶叶卖给中间商后，再收购一些羊毛、酥油和山货，交换一些日用商品再返回。

这趟艰辛的旅程，是次仁顿典关于藏茶最早的记忆，也让他认识到了茶

康定机场

雅拉雪山

叶的珍贵:茶叶不仅仅是藏族人民的生活必需品,也是换取财富的手段。

从康定到拉萨的古道,崎岖、荒凉而又遥远。路途里程,西藏同胞一般以"牛站"为计量单位,一个"牛站"约20公里,每天只走一"牛站",错过"牛站",食宿就难以保证。因为"牛站"附近不但有水源,还有燃料。前一商队留下的牛粪,就是后一商队燃料。而商队的牛马,是有分工的,有着"高原之舟"的牦牛用于驮运,而马匹则用于商队人员的骑行。

康巴一带的巨商多为行商。行商往来于拉萨和康定之间,从康定运来茶叶、盐、布匹、珠宝等物品,利用各地寺庙的庙会进行销售,然后收购当地的土特产、名贵药材等。行商按驿站路线行走。仅康定到雅江的古驿道,全长约350公里,牦牛要走七八天。

折多山:昔日"出关"地,今日观景台

出康定市区西行,折多山横亘在面前。

折多山是贡嘎山的余脉,位于贡嘎山的北坡,山体大致呈北西—南东走向。通往折多山垭口的公路,是呈"之"字形的盘山路。山路弯弯,似乎永远也没有尽头……"折多"在藏语中就是弯曲的意思。在康定,有句话就是"吓死人的二郎山,翻死人的折多山。"随着G318二郎山隧道的建成通车,"川藏第一山"从二郎山西移到了折多山。

随着公路不断的爬升,群山渐渐隐去,视线中慢慢地只剩下蓝天和白云时,海拔4298米的折多山垭口就到了。

折多山垭口是著名的地理分界线和民族文化分界线,以东是汉族聚居区,以西是藏族聚居区,只有跨过折多山,才算是真正进入康藏高原,折多山就是"出关"之地。

新都桥风光

当年黄懋材至此,仰望去路,"南望雪山,屹如银屏,夕照掩映,真奇观也"。在他眼里,折多山顶,犹如一座观景平台。

在折多山垭口,如今已建起了观景平台。站在折多山向南眺望,可以清晰地看到贡嘎山的北坡呈现出近似完美的等腰三角形,白色的雪峰如金字塔般矗立在眼前。在折多山垭口的右侧,是康定机场。

康定机场海拔 4000 多米,是一座位于雪山下和云上的机场。机场跑道一端上方,是巍峨的贡嘎雪山。机场跑道的另一端是云海,整个机场就像浮于云端一样,脚下就是波澜壮阔的云海。在这里,还可远望雅拉雪山。

雅拉雪山位于道孚县与康定市交界处,主峰海拔 5820 米,山顶终年白

雪皑皑，云雾缭绕。雅拉雪山，藏语全称为"夏学雅拉嘎波"，意为东方白牦牛山，系我国藏区四大神山之一。该山地跨道孚、康定、丹巴三县，其西北面与塔公草原相连，形成雪山与草原交相辉映的壮美景观。雅拉雪山主峰与"蜀山之王"贡嘎山遥遥相望。盛夏时日，在如花似锦的塔公草原上观雅拉雪山，有如临仙界之感。

雅拉雪山一直为登山爱好者所喜爱，攀登难度较大。1999年8月，来自日本的山岸和男探险队曾尝试攀登，但没有成功。后来，雅拉雪山又迎来了英国、韩国的登山者，他们也没有成功登顶，因此至今雅拉雪山仍为无人登顶的山峰，可远观而不可亵玩焉。

日落时分，血红的夕阳余晖照在雅拉神山上，近处的木雅金塔随之变得非常绚丽，是拍摄雅拉神山的最佳时间。

新都桥：摄影家的天堂

新都桥不是"桥"，而是一个地名。

新都桥原名"让昂卡"，意为"五羊驮五驮土"，汉译为"五羊镇"。这个名称的由来有一个美丽的传说：文成公主进藏路经此地时，发现这里的泥土细腻、色润、稠粘，便暗暗发誓到西藏如修庙宇，必来此取土。后来，在修建布达拉宫时，文成公主便派五只神羊来新都桥驮土，至今西藏大昭寺墙上还留有五羊驮土的壁画。

后来，因在"让昂卡"的河流上建了一座桥，这才被称为新都桥。

新中国成立之初，新都桥仅是一个古道边的小村寨。十八军进藏时，在这里建起了兵站，随后甘孜州有关部门在这里建起了粮油、茶叶等物资转运站，西康省的第一个机械农场也建在这里。

如今，新都桥镇已是康定市的一个风情小镇，因地处川藏线南北（G317、G318两条国道）的交叉路口，是从西藏通往康定的必经之路，人流量大，也因此使得新都桥别样的热闹。穿过热闹繁华的新都桥街道，一派田园牧歌式的景象映入眼帘，弯弯的小溪、金黄的柏杨、连绵起伏的山峦、散落其间的藏寨……

新都桥是一个没有围墙的景区，有"光与影的世界""摄影家的天堂"等美誉。这里并没有突出的标志性景观，沿线却有十余公里被称为"摄影家走廊"。到这里的最佳季节是金秋十月，那时候，一棵棵挺拔的白杨，在秋风秋阳中炫耀着特有的金黄；一群群牦牛和山羊，点缀在山坡河滩和草甸上；远处的山脊，舒缓地在天幕上划出一道道优美的弧线。

塔公草原、木雅金塔和雅拉雪山

在新都桥，到处都能看到"打造木雅风情小镇和物流中心"这样的标语，想必这是新都桥未来的规划。G4218雅叶（雅安至叶城）高速公路、川藏铁路雅安至林芝段已动工修建，随着高速公路、铁路的通车，如诗如画的新都桥必将更加美丽。

与新都桥相距不远的是塔公草原。

从新都桥前往塔公草原，全程30多公里。塔公草原在塔公镇境内，这里跟新都桥镇一样，都在康定市辖区，离康定市区110多公里，海拔3730米的高原雪山、河流、草原、森林、寺庙、藏房建筑和浓郁的藏乡风情，构成了塔公草原迷人的景色。

在很多人眼里，位于塔公草原的塔公寺是塔公草原的地标。殊不知比塔公寺更壮观的是格日玛木雅大寺。

坐落于塔公草原深处的木雅大寺非常低调，过了木雅金塔以后向前一个小路口，便能看到木雅大寺的牌楼。这里来往的车辆不多，穿过一片信徒居住的红房子，就能看到屹立在草原中的木雅大寺，背靠雅拉神山。

神山加持的木雅大寺，拥有世界上最大的玛尼堆。玛尼堆是藏族文化的一种独特形式，也是藏族人信奉佛教的体现。玛尼石上所刻的字体和图案是来自佛经中的六字真言，是虔诚的佛教徒的信物。

站在空旷之地眺望，只见雅拉雪山从草原拔地而起，呈莲花宝座形状。远处的雪山和头顶上的云朵，组成了一幅壮阔的风景画，这里的云朵不但很低，而且很蓝，云朵仿佛环绕在头顶。脚下的草地，夏季绿草如茵，繁花点点，而秋季则一片金黄，这两个季节都是天气好、风光美的时节。

在木雅寺周围还有很多野生动物，听说都是野外救回来放生的，运气好的话还能碰到野生的岩羊和马鹿。只要不受惊吓，它们也不会跑远。

第三章

雅安船工今安在

有人说:"从雅安到康定的人文遗迹多,从康定到拉萨,自然景观多。"其实并不然,只要细心观察体验,"雪域茶路"上的人文景观和自然景观交相辉映,让人目不暇接。

雅江大桥的残影

塔公草原,是川藏南北线的路口,向南行是南线,往北行是北线,目标都是拉萨。

《自打箭炉至前后藏途程图》标明,南路由理塘、巴塘、昌都至拉萨,是驻藏大臣暨各官兵驰驿之所,即所谓"官道",与今日 G 318 大体相当。

沿 G 318 南行雅江,"窗外"的高原美景伴随一路向前。

草原的翠绿像油画般,而天空更是蓝得不可思议……只是在广袤无垠的天空和大地上作假,恐怕只有无所不能的上帝才能办到。

从新都桥到雅江县,只有 80 多公里的里程,公路弯弯曲曲,因为要翻越一座海拔 4412 米的高尔寺山,所以车辆只能低速行驶。两个多小时后到

雅江县天路十八弯

达雅江县城——雅江。

雅江原名"亚曲喀",意为"河口",曾有过"河口县"的名字,是川藏茶马古道上的要津。雅砻江横卧在高山峡谷间。以前雅江有3个渡口:呷拉、河口、下渡。今天的县城就在"河口",又名"中渡"。

雅砻江是一道天险,最早靠牛皮船摆渡过江。清康熙年间,雅江设置渡口,开始置兵镇守。水手是从雅安草坝招募来的。后来一代又一代的船工,都从雅安招募。有的船工就在这里结婚安家,繁衍生息。

雅砻江古渡口所在的村叫城厢村,隐在民房后面的悬崖上,还有"鱼通锁钥"的摩崖石刻,说明雅砻江古渡口在军事上有着相当重要的地位。

在城厢村,有上、中、下三条狭窄的巷道。以前从雅安草坝招雇来的水手(船工),在渡口附近修建房屋,安家定居了下来,后来回家无望,就与当地居民通婚,渐渐地形成了村落。

从康熙年间最早的一批水手到达雅江，到 1957 年康藏公路雅江大桥建成通车，最后一批水手上岸，雅砻江渡口历经长达 300 多年的风雨。

如今，雅江县城已形成"雅砻古渡、悬崖江城"的文化氛围，成为过往游客的网红打卡地。

其实，这里不仅有古渡口，还有令人扼腕叹息的"平西桥"。

1939 年 11 月 30 日，孙明经来到雅江，拍下了一组珍贵的镜头——平西桥遗址。

光绪三十二年（1906 年），清政府在巴塘设立川滇边务大臣衙门，赵尔丰为川滇边务大臣。有感于雅江渡口的艰险，他上书朝廷，请求修建雅江大桥。

雅江大桥首开与国际合作建桥的先河。赵尔丰选择了比利时的华发公司为合作者，聘请"洋工程师"修建钢索大桥。在欧洲竞标，荷兰设计师的方案中标。

来自比利时的钢缆跨过重洋到了上海，再溯江而上，几万斤重量，被长江纤夫拉到重庆；再经雅安、康定，靠着肩挑背磨，风餐露宿，历时半年，才拖到了雅砻江边。

从 1909 年开始测量、准备材料，到 1911 年正式动工。后来辛亥革命爆发，当时的四川军政府都督尹昌衡杀了赵尔丰，1912 年率兵进藏，途经雅江时，正逢全长 125 米的雅江大桥建成，尹昌衡在这里举行了索桥落成典礼，取名"平西桥"，并作诗曰："劈开两岸奇峰，凭地飞起；锁定一江秋水，迓我归来。"

可惜好景不长，平西桥建成仅一年多，一个名叫陈步三的原驻军官员率众叛乱，为防止尹昌衡率军前来平叛，让人炸毁了平西桥。已经上岸的雅安船工，只得重新拿起船桨。

孙明经面对雅砻江两岸高大的桥墩感叹不已。他坐在船上，在雅砻江上来来回回拍照，为平西桥留下了一组珍贵的照片。

驮队等待渡河·孙明经

桥没了，过往商旅只得依靠渡口过江。孙明经在这里拍的一张照片——雅砻江东岸，驮运藏茶的50多头牦牛正卸下牛皮茶包。

据考证，每年11月以后，雅砻江以西大雪封路，运输茶叶的牦牛从康定锅庄出发，将茶包运至雅砻江东岸，堆积在雅砻江东岸的茶包经渡口至县城，待次年春夏之时，再运往拉萨等地。

这张照片的珍贵之处，就在于它真实地记录了茶马古道驮运茶包途中在雅江过冬的场景。

雅江县城建在雅砻江河谷的两岸，城区被雅砻江分割开来，整个城区只有一条主干道，道路跟建筑物之间的空间十分狭小，两边都是陡峭的高山，地势十分险峻，而房屋都建在悬崖之上，有"悬崖之城"之称。

雅江县城的面积不到0.5平方公里，但麻雀虽小，五脏俱全。有茶馆，也有咖啡馆。

平西桥被毁后,雅江又开起了渡船。

黑石城,从何而来,因何消失

出雅江县城,在一个离古道不远的地方,有个郭岗顶草坝,至今还默默地矗立着几道数百年前乃至上千年前的残垣断壁。

它们是什么建筑?是城市?还是寺庙?抑或是王城?它们是怎么来的?又是怎么消失的……

这就是雅江的黑石城。

在浑圆起伏的山岗上,一座废墟矗立了千年。这里因出土独一无二的唐代白狼国文物而备受关注。

郭岗顶海拔3850米,走过混杂灌木和松林的崎岖山路,映入眼帘的是一片壮阔的草原和两湾柔美的湖水,远远望去,蓝天白云下是几堵残墙。高高的山顶被八瓣莲花般的远山环抱,给这里添加了不少神秘色彩。没有人知道在高高的山岗上，它为何而兴，为何而衰。

　　郭岗顶海拔较低，植被保护完整，野生动物种类较多，山形犹如坐落在一朵莲花台上，每年夏季在此山开满一种黄色花朵的藏草药"郭岗花"，故而得名郭岗顶。这里四季景色各异，秋夏大片的白桦林树叶由绿到黄，整座山由黄色桦木叶和绿色原始杉林组合成一组美丽的风景线。

　　据《雅江县志》记载，东汉时，境内雅砻江以东地区为牦牛国，雅砻江以西为白狼国。"白狼"是一个古老的民族，10世纪以后，白狼国消失。

　　"白狼"为何在山顶建寨？什么时候建成？又是什么时候衰败？从目前的史料记载中找不到答案。

　　黑石城还是观赏贡嘎山的一个好去处。

　　黑石城地处贡嘎山西北方，与贡嘎主峰直线距离约70公里，是观赏贡嘎山夕照的最佳观景点之一。在黑石城东北方还可望见雅拉雪山，与雅拉雪山主峰直线距离约50公里。

　　随着太阳的西沉，雪山的光芒由白而红，贡嘎雪山最令人心醉神迷的日照金山完美呈现，如火焰般燃烧的云彩，仿佛是童话般的世界！

　　贡嘎在藏语中意为"白色雪山"，又被称为木雅贡嘎，海拔7556米，南北延伸，巨大的山体犹如一道屏风，不仅阻隔了从太平洋吹来的季风，也影响着东西两侧人们的生产生活方式，以及沟通交流方式。

　　在青藏高原7000米级的雪山中，贡嘎山是最偏东的一座。距其东北方向直线距离不过200公里的地方，就是人口超过千万的大城市——成都。天气晴朗的时候，在成都也能眺望到贡嘎雪山。而其西侧，是雪域高原的世界。贡嘎山，就在这条分界线上。

　　今天的雅江，不仅是悬崖之城，还是中国著名的"松茸之乡"。松茸是上天的馈赠，在古代就有"药食兼备"的美誉，富含多种人体必需的营养成分。

黑石城

黑石城一角

第四章

悬在高空中的城市

认识理塘，很多人是从认识丁真开始。

前些年，皮肤黝黑、睫毛浓密的丁真对着镜头羞涩一笑，像一头不谙世事的小狼，又像一朵纯真的高原雪莲，走进了亿万网友的心中。

丁真那没有经过俗世打磨的眼神澄澈又明朗，搭配上淳朴腼腆的笑容，让理塘成了"顶流"。

不过，理塘还是理塘，依旧是一座亘古不变的"悬在高空中的城市"。

离开雅江，沿着川藏线 G318 继续一路向西，穿越几座海拔 4000 米以上的高山，到达"世界高城"理塘。

从雅江到理塘并不远，只有 130 多公里。就这短短的一段路，就能让人体会到什么是"一天走四季"，什么叫"风霜雨雪"和"日月星辰"。

站在剪子弯的观景台上，阳光打在脸上，可以俯瞰脚下蜿蜒的盘山公路，千山万壑尽收眼底。谁知一过剪子弯山，风雨突变，天高云淡变成了"黑云压城"。山川间灰蒙蒙一片，不一会儿，风雨飘来。不多久，又见风光霁月。

傍晚时分，到达理塘。天空中升起了皎洁的月亮，后来月亮隐去，星星又布满了天空。

理塘

天空之城——理塘

　　理塘自古以来就是茶马互市上的重镇。理塘，藏语"勒通"，意为平坦如铜镜的草原，是 G318 的重要枢纽。往南是稻城亚丁、云南中甸，往西是巴塘和西藏芒康。

　　县城海拔 4014.187 米，是世界上海拔最高的城市，被游客称为"天空之城"。虽然空气有点稀薄，但理塘隐世而美丽。这里的雪山冰川巍峨壮美，原始森林生机盎然，湿地湖泊数不胜数，地热温泉独具特色。最有名的就是长青春科尔寺。站在长青春科尔寺的最高处，能俯瞰理塘全景。

　　理塘是康巴藏族的聚居地，可爱的藏族孩子、剽悍粗犷的康巴汉子、婀娜多姿的藏族姑娘、绚丽多彩的民族风情，以及藏寨群落"千户藏寨"系列

毛垭大草原

非遗展演和体验活动，吸引着游客前来感受藏族悠久的历史文化魅力。

勒通古镇千户藏寨，有着厚重的藏传佛教文化和浓郁的草原民族风情。寨中有距今 400 余年历史的七世达赖故居——仁康古屋，恢宏的建筑，让人感受到了独特的藏传文化。

被《中国地理》评选为中国最美草原之一的毛垭大草原就在 G318 边，在群山的环抱之中，如海的草原郁郁葱葱。远远望去，前面的汽车好像就在绿色的地毯上行驶。

毛垭大草原四季是景。夏日的草原，湛蓝的晴空下，牛羊成群，绿草连天，盛开的野花姹紫嫣红，打一个滚儿就是一身花香；秋天，晴空高远，云朵洁白，草木金黄；冬日则是白雪皑皑，天地一片晶莹。季节的变化赋予了大草原无边的神韵与风姿。

在毛垭大草原，可以看到海拔近6000米的益母贡呷雪山。山顶终年积雪，雪山之水，滋润着这片广阔的土地。草原与雪峰、白云、蓝天亲近，有一种立体多面的美。

第五章

跨越金沙江

出理塘城往西，就是巴塘。

从名字看上去，理塘、巴塘似乎是"塘塘"相连，其实两地相距160多公里。

走出理塘县城，汽车似乎一直在往下冲。穿过毛垭大草原后，就进入了巴塘地界，空气似乎骤然间干燥起来，仿佛置身于另外一片天地。听说，理塘人还在厚实的冬装里瑟瑟发抖时，巴塘人已经穿上衬衣裙子"短打扮"了。

"巴塘苹果"是舶来品

"富饶美丽的巴塘，一年五保两熟……"这是巴塘弦子歌舞里的一段唱词，道出了巴塘的富饶和魅力，描绘了一幅"高原江南"的画卷。

四川的巴塘和西藏的芒康、云南的德钦隔江相望。崎岖陡峭的茶马古道是连接藏汉的重要通道，古道在巴塘城外鹦鹉嘴岩崖附近还留存着一段，岩石上还有清代遗留的"孔通大道""遗爱在民"等石刻。

清朝末年，因巴塘地处川藏茶马古道要冲的地理位置，拥有丰富的资源，川滇边务大臣赵尔丰在这里设置了川滇边务大臣衙门，经营整个四川、云南与西藏的连接地带，进行改土归流，新建州县。

抗战时期，西康省建省委员会最初设在雅安，1939 年西康省成立时，巴塘成为西康省省会的候选地之一，差一点成为"省会城市"。

由于巴塘最早进行改土归流，藏文化和汉文化融合较多，这里的藏族同胞大都有汉姓。除了历史悠久的藏传佛教外，这里的宗教信仰还有伊斯兰教和天主教、基督教。

清同治二年（1863 年），法国天主教神父巴布埃来巴塘，在城郊四里龙建教堂一所、住房两座。今天非常有名的"巴塘苹果"，据说是当年的天主教神父史德文从国外引种过来的。史德文不仅传教，还在这里建了医院，修了水电站，给巴塘带来了许多舶来品，甚至还教当地人说英语。

1939 年 11 月，孙明经来到巴塘，与当地一喇嘛交流，喇嘛告诉他："我会藏语和英语，如果你不会藏语，请用英语跟我交谈。"让孙明经惊叹不已。

在一片焚烧后的林地里，孙明经还意外地发现，这里已种下了一片已成林的茶树。

原来，1907 年，为抵制印茶倾销，川滇边务大臣赵尔丰在雅州府设立"四川商办藏茶公司筹办处"，暂借雅安茶务公所为处所。1910 年，商办边茶股份公司正式成立。边茶公司在雅州城内设立总号，并在打箭炉以及南部的里塘、巴塘、昌都，北部的界姑五处设置售茶分号，同时从雅安引种茶树，在巴塘等地栽种。

巴塘姐妹海

巴塘县城

巴塘，治疗高反的"天然氧仓"

金沙江、澜沧江、怒江在川滇藏交界处"三江并流"，把所有险峻奇伟的景观都集于这里，景象壮观，美不胜收。

巴塘的海拔不高，只有2500多米。在理塘备受高反之苦的人，一到巴塘县城，就会生龙活虎。巴塘是治疗高原反应的"天然氧仓"。在路上发生高原反应，别怕，只要到巴塘"氧一氧"，就什么事也没有了。

巴塘是进入西藏的必经之路，过金沙江竹巴龙大桥，就是西藏的芒康县。

"近岁以来，西洋各国数次派员进藏游历，俱被番民阻止改道滇南而去。"当年黄懋材走到这里，也被阻挡，只得改道云南。唐古柏至此，也改道南下，再次受阻后，不得不原路返回。刘曼卿也在这里被滞留了半个多月后，才被放行。

清朝在这里的金沙江上设有竹巴龙渡口，成为茶马古道上的重要津渡，船工是从雅安招来的，并在这里安家落户。由于这里商业较为发达，滇商、陕商和川商日渐增多，还修建了川陕滇三省会馆，"川滇边务大臣衙门"也在这里，曾经的繁华可见一斑。

清代川滇边务大臣衙门档案

2021年春，四川省档案馆在雅安举行"川滇边务大臣衙门档案展"，从11400余件档案中精选130余份，以档案的视角，从衙门设置、川边新政和特色档案3个方面、10个单元徐徐展开历史画卷，还原了赵尔丰等在川边推行改土归流、兴办教育和医疗、发展交通、推广屯田、繁荣经济等的历史事实，让人们了解清末大变局中川边藏区的历史变革。

竹巴龙金沙江大桥

    2023年10月，《清代川滇边务大臣衙门档案》出版发行，汇集了1906—1911年四川档案馆馆藏档案1193卷、10000多件，计68册。

    一个设在边关小镇的"衙门"，前后不到6年时间，而在此期间形成的档案，却被喻为清末川边历史的"百科全书"。从浩如烟海的边务档案之中，可以窥见摇摇欲坠的晚清王朝，公文政务表面上依然如常运转着：从京城到巴塘的边驿邮路，奔腾的马蹄之声从无止息；川边政事在赵尔丰雄心勃勃的筹谋运作之下，在短时间内呈现出与末代王朝完全相反的新兴之气，犹如残阳落幕前的一抹余晖。

    巴塘关帝庙与内地的相比，毫不起眼，但残存在关帝庙大殿的横梁上"一等衔花翎四川雅州府巴塘宣抚司正土官 副土官"的题字让人为之一振，也让人有些不解：雅州府远在千里之外，是不是"管得太宽"了。

其实原因很简单，为了加强边疆管理，雍正五年（1727年），川边康区的行政地位整体升级，清廷设"打箭炉厅"，雅州府设"同知"管理打箭炉厅，并授予当地首领"宣抚司"之职，从而形成与"流官"与"土司"并设的格局，一时间，雅州府成为清代管辖面积最大的州府。

从竹巴龙大桥跨过金沙江，就踏上了西藏的土地。

从巴塘到芒康，不到110公里。跟理塘到巴塘的感觉不同的是，从巴塘到芒康，海拔不断上升，从2500多米跃升到4100多米。

芒康位于川、滇、藏三省（区）交界处，东与四川巴塘隔江相望，南与云南德钦山水相连，是西藏的东大门。过去，滇藏茶马古道、川藏茶马古道在这里交会，今天G214、G318两条进藏公路也在这里会合。

芒康：奇异富饶之地

芒康藏语的意思是"奇异富饶之地"。境内雪山林立，江河纵横，郁郁葱葱的原始森林、浓郁淳朴的民族风情、金碧辉煌的千年古刹和迷人的自然风光、丰富多彩的民族文化、深奥的宗教文化等，形成了芒康县多元的旅游资源。

芒康古朴、典雅、悠扬、舒畅的"锅庄舞""弦子舞"被誉为"古道神韵"，内容丰富的民间情歌、山歌素有"歌的海洋""弦子的故乡"之美誉。

弦子舞作为一种民族舞蹈，千百年来一直伴随着芒康人民的生活。它不受场地、人数的限制，只要一把琴、一片空地，人们就能翩翩起舞，其乐无穷。随着茶马古道的兴起，"弦子舞"也在与内地各民族不断交流交融的过程中，得到了融合发展。

2006年，芒康"弦子舞"被列入国家级非物质文化遗产代表性项目名

2020年8月7日，西藏首届弦子舞展演在昌都市芒康县举行。

录。2020年7月11日，芒康曾组织3000人的演出队伍，在草原上齐舞《拥抱幸福》。

音乐响起，3000名舞者拂袖起舞，从四周向场地中央聚拢而来，随着洒脱的舞步、欢快的伴乐，不断变换着队形，风光旖旎的草坝子瞬间成为群众载歌载舞的欢乐海。

盐井：人工原始晒盐

在芒康，一说起茶，自然就会说到盐。因为藏族人家盐茶不分家。

芒康县的古盐田就在澜沧江畔。高原的晨光穿透浮云，洒向澜沧江峡谷深处，江畔加达村的盐井在晨曦中醒来，村中藏族妇女赶个大早，身背木桶行至江边盐泉，汲卤水来灌溉自家古老的盐田。她们一天的劳作就从晒盐开始，日复一日，年复一年，躬身盐田。古法晒盐，在这山高谷深的地方已延续了数千年。

盐井在通往云南的G 214边。在历史上，盐井也在吐蕃通往南诏的要道上，是滇茶运往西藏的必经之地。盐井盐田，是茶马古道上唯一"存活"的人工原始晒盐场。

澜沧江东西两岸岩崖莽莽，江水激情奔涌，江流在峡谷间蜿蜒流淌。风中隐约飘来淡淡的咸涩味，只见江岸崖坡岩壁上层层叠叠的盐田，好似悬壁梯田，木桩搭建的盐棚成矩形块状，高低错落布列，仿佛台地上的高台楼阁，依河谷山势，在临江两岸的崖壁上蔓延。淡绿色的盐池，雪白的盐田，与湛蓝的澜沧江水和漫山遍野的花草树木互相映衬，美不胜收。

当地从唐代开始制盐，距今已延续1300余年。盐田在澜沧江两岸依山而建，由多根木柱搭架，架上用透水性强的泥土铺成平面夯实。当地村民

驮队和盐田

盐井古盐田

仍保持着原始的手工晒盐方式。他们从澜沧江畔的盐井、盐池中取出卤水倒入盐田，经阳光蒸晒、风干，结晶成盐。远远望去，盐田错落有致，景色奇美。

河谷两岸的红白盐田奇观，是阳光与风的结晶。卤水经阳光与风的沐浴洗礼，以澜沧江为界，同样的卤水、同样的古法制盐工艺，西岸风干凝结出"桃花盐"，东岸凝结晒出"雪花盐"。其间又有什么奥妙，就不得而知了。

藏文圣经：西藏唯一的天主教堂

盐井"红盐""白盐"的神奇已让人惊讶，文化的融合更是让人惊叹。

盐井有一座天主教堂，也是西藏境内唯一的天主教堂，面积6000多

西藏境内的唯一天主教堂

平方米，有"中国十大最美教堂"之称。盐井是西藏境内纳西族的聚居之地，他们信奉藏传佛教，而本地藏族信仰天主教。

盐井天主教堂，是西方与藏族建筑艺术的罕见结合，是中西文化交流融合的典范。教堂外观呈"梯"字形，是藏族民居的建筑风格，而内部装饰是典型的哥特式高大拱顶，天花板上绘满了《圣经》题材的壁画。外墙正中的十字架，告诉人们这是一所教堂。

这里使用的是全世界唯一的藏文版《圣经》。天主教是1865年传到盐井的，至今已有100多年。天主教带来的异国风俗，和藏文化的长久融合，又呈现出别样的意趣。每当晨曦初现，乳白色的雾霭从大山深处的密林中缓缓升起，又或夕阳斜下，遥映着远处的雪山之时，一群藏族同胞手握胸前的十字架，心中默诵《圣经》祷辞。据说当地的天主教信徒的名字是由神父取的，名字多与欧洲人相似，如"约翰""保罗""亚历山大"之类的，教名会伴随他们终生，不再另取藏族名字。

盐井被一条沟划分为上盐井、下盐井。下盐井多为纳西族人，信藏传佛教，而上盐井的虽是藏族人，但多是天主教徒。藏式白塔与天主教堂遥遥相望，述说着不同语言的民族和睦相处。当地不同信仰的人结婚，并不影响婚后各自的信仰。所生的孩子信仰什么，全看孩子自己的意愿。

在世人眼中，盐井就是一个神奇的地方。盐井产的盐有红盐、白盐之分，而吃盐的人有信东方的神，也有信西方的神。

邦达昌：爱国巨商家族

从民国初年一直到20世纪50年代末，西藏有一个叫邦达昌的巨商家族，他们崛起于芒康，后来发展成为云、贵、川、藏的著名商号，甚至在印度、缅甸、尼泊尔、不丹等国家也很有名。抗日战争时期，邦达昌以骡马商队开辟陆地国际运输线，向内地运送了高达1.5亿美元的抗战物资。

邦达昌的崛起，与茶马古道的繁荣息息相关。

饮茶在藏族人生活中占有非常重要的地位，老百姓有"茶是生命、茶是精神、茶是肉"的说法。

以前，西藏既无银行又无钱庄，而邦达昌拥有巨额外汇，在当地声望卓著。邦达昌鼎盛时期，从四川的雅安、康定，云南的丽江等地采购砖茶、金尖茶、紧茶进藏。平均每年购入西藏的砖茶约为3.6万条包。

1942年，西康省在康定成立"康藏茶叶股份有限公司"，邦达昌成为主要股东。随后，邦达昌建立起了以拉萨为中心的茶叶购销网络，先后在西宁、玉树、昌都、芒康、巴塘、理塘、康定、雅安、成都、重庆、昆明、丽江、中甸等地设立固定和流动商号及转动站。邦达昌最大的生意就是茶叶，

邦达机场

曾创下将荥经姜家"仁真杜吉"茶叶走海运到拉萨的壮举。在商贸兴隆的同时，邦达昌也不忘回报祖国，在物资紧缺、战事吃紧的情况下，还号召动员藏商不惜一切代价支援西南大后方，对繁荣战时大后方经济起到了一定的作用。

邦达昌的发家经历颇具传奇色彩。民国时期，掌管家族生意的弟兄三人各有非凡的经历，大哥通过茶马古道运送了大量的抗日战争物资；二哥在接受了孙中山"三民主义"后，又接受了马克思主义，再后来与几个志同道合者成立了"西藏革命党"，党旗上除镰刀斧头外，还有羊毛纺织机；三弟1949年以西南军政委员会委员、康定军官会副主任的身份，应邀参加开国大典，后协助解放军进军西藏，并任昌都地区人民解放委员会副主任。

1958年，邦达昌的经营活动停止。

邦达家族的故居位于芒康县交呷古秀邦达村。由于年久失修，现在的邦达昌有些破败。但是邦达昌曾经的辉煌并未被完全掩盖，在芒康，邦达昌是不可磨灭的一座文化坐标。

邦达机场，人类民用航空飞行史上的奇迹

在芒康到昌都的路上，还要经过一个叫邦达的地方。现在这里已建起了拥有世界上最长跑道的机场——邦达机场，其老跑道长达5500米，新跑道长4500米。

邦达机场位于昌都市八宿县邦达镇邦达大草原、玉曲河西岸狭长山谷中，可供波音757型以下机型起降。1999年12月23日，昌都至拉萨通航，填补了广袤藏东地区无航线的空白，使西藏的东西部与祖国内地更紧密地联结在一起。

邦达机场也被称为"世界上气候最恶劣"的民用机场。机场所在地，冬天风速常达30米／秒以上，冬春气温常在-20℃以下，空气密度只有海平面的50%，邦达机场的成功通航，创下了人类民用航空飞行史上的奇迹。

邦达机场还是世界上离市区最远的民用机场，距昌都市区126公里，离邦达镇所属的八宿县县城，也有六七十公里。

机场为什么离市区那么远？其实这也是无奈之举，因为除了邦达草原外，因横断山脉的地形地貌，在昌都周围找不到一块可以建机场的平坦用地，只有这块高处的开阔地，能够提供足够安全的飞行视距和起降空间。

随着邦达机场的建成通航，一个机场小镇也随之兴起。在 G214 的路边店，正好可以看见飞机跑道。看着飞机起起落落就餐，这种机场边的"升降宴"，倒是别有一番情趣。

第六章

🍃 雪域茶谷茶香飘

第一个经茶马古道走进西藏的外国人——法国神父古伯察，当年从澳门到内蒙古，乔装打扮混入商队，到达拉萨。被驻藏大臣琦善发现后，"礼送"到澳门。从拉萨到成都，他走的就是川藏茶马古道。

古伯察先后写下《鞑靼西藏旅行记》和《中华帝国纪行》等书，在西方引起轰动。他在书中写道："察木多建于高山环抱的一个山谷中。从前，该城由一道土城墙环绕，城墙现在已坍塌，每天都有人在城墙上取土用于修房子的平屋顶。察木多其实不需要人工的防御工事，它由两江河充分地保护起来。在城市的左右两端分别架起了木桥，形成两条并行的路：四川路和云南路。从拉萨到北京的所有文武官员，走的是四川路，云南路几乎荒无人烟。"

古伯察笔下的"察木多"就是昌都的旧称，藏语的意思是"水岔口"，原为提供给养的兵站。

昌都，雪域之门、茶马古道要地

离开邦达机场、沿 G214 经察雅县到达昌都市区。

俯瞰昌都

　　昌都是川藏、滇藏茶马古道的交会点和最大的物资集散地，各种文化的交融，造就了昌都文化的独特魅力。以前这里有两道桥，分别叫"四川桥"和"云南桥"，川藏和滇藏茶马古道在这里交会，昌都是连接川滇藏青的枢纽和门户。

　　昌都地处澜沧江的源头，发源于青海省玉树的两条河，一个叫扎曲，一个叫昂曲，奔腾千里，在此汇合，得名澜沧江。更巧的是，有时澜沧江汇流处还会呈现出一清一浊、泾渭分明的奇特景象。在夕阳的照耀下，三面环水、一面背山的昌都城披上了一道金色的霞光。

　　今天的昌都，虽然地处边疆，但已是一个现代化的城市。市区还有一个气势恢宏的茶马广场。

　　宽阔的茶马广场下面，是车辆的下穿隧道，茶马广场上，人头攒动，灯火绚丽，是市民休闲的好去处，颇有内地的都市风情。

然乌湖："三牛"角力形成的堰塞湖

离开昌都，又经 G214，返回邦达。这里是 G318、G214 两条国道的交会点，G318 到拉萨，G214 到西宁。

邦达草原也在 G318 和 G214 的交会处。经过草原上的邦达机场，转入 G318。著名的 72 道拐、怒江大峡谷就在从邦达到八宿县城的路上。

八宿，藏语意为"勇士山脚下的村庄"。沿途雪山、原始森林和田园风光交相辉映，景色出奇的美丽。

又是一段弯弯拐拐的下坡路，当一个又一个的山头消失在眼前时，波光粼粼的然乌湖出现在众人眼前。

"然乌"为藏语的译音，意思是"尸体堆积在一起"。相传湖水里住着一头水牛，湖岸上生活着一头黄牛，两头牛互不相让，时常互相顶着较量。两头牛死去之后，尸体化为湖岸两边的大山，然乌湖就夹在两山之间。

民间传说也并非全无根据，地理学家是这样解读的，然乌湖是三头"牛"角力的结果，这三头"牛"就是喜马拉雅山、念青唐古拉山和横断山脉。

在地质运动活跃的藏东南一带，有很多这样三头"牛"角力而形成的堰塞湖，只是然乌湖因为紧临 G318，为大家所熟知罢了。

但然乌湖的美不在公路边，而是要离开国道往南，沿土路进入来古村，才能欣赏然乌湖的美丽景观。巨大的冰川围绕着来古村。湖边山腰是莽莽的森林，再往上是五颜六色的灌木丛林，再往上，就是千奇百怪的巨大冰挂冰川和冰碛物。

生活在来古村的都是藏族同胞，他们喝的依然是雅安藏茶。走进当地的每一户人家，几乎都会看到好几条雅安茶包堆放在火炉前。他们都说这是雅安茶，但被问及雅安在哪里，他们都摇了摇头。

然乌湖的早晨

    这里的村民早晨起床的第一件事，就是烧水煮茶。每人一天要喝好几大碗，一家人一年要喝五六条雅安茶。

    狭长的然乌湖边，设置了好几个观景平台，方便游客观赏湖光山色。在每一个观景平台上都有流动咖啡车，游客可以在品饮咖啡之余，欣赏周围的绝世美景。然乌湖边还有一家重庆人开的平安饭店，是开窗见湖的"湖景房"。夜晚，月光下的然乌湖寂静无声。

    从然乌镇到波密县有130公里，垂直落差1000多米，然乌湖水下泄河流，是帕隆藏布的源头。峡谷中，奔腾的河水一直相伴着公路下行，远处的雪峰在阳光下泛着白光，显得十分高冷。

    波密县城驻地扎木镇海拔2700米，拥有青藏高原最大的冰川聚集地，境内冰川超过2000座，享有"冰川之乡"的美誉。

    波密米堆冰川号称"中国最美冰川"，美丽的弧形构造冰川和雪山、田

墨脱茶园

林芝派镇至墨脱公路

园、小村庄绝妙地组合在一起。这里最有意思的景色就是雪山下看桃花。

波密的桃花有多惊艳？一句话可以告诉你：醉到心田，美得想哭！

墨脱："高原孤岛"闻茶香

在波密县城，一条蜿蜒而上的公路隐没在了白云中，那就是通往墨脱的扎墨公路。

一路群峰环抱，森林茂密，空气清新。过了嘎隆隧道，墨脱已近在眼前。"墨脱"一词在藏语中意为"花朵"，县域内地势北高南低，海拔从7000多米的南迦巴瓦峰到200多米的巴昔卡村，呈热带、亚热带、高山温带、高山寒带立体气候，巨大的冰川沿着沟谷伸入森林，雪山、冰川和森林的景观在这里完美融合。

墨脱地处雅鲁藏布江下游，平均海拔只有1200米，是西藏海拔最低的地方。由于四周被高大山脉所包围，曾经交通条件极差，难以到达，被称为"高原孤岛"。如今已有扎墨、派墨两条公路与外界相通，其中派墨公路已成为G219路段，墨脱也成为中国最后一个通车的县。

更让人意想不到的是，墨脱也产茶，而且墨脱的茶跟蒙顶山茶还有很深的渊源。

西藏的种茶历史，最早可以追溯到1963年，贡军垦农场就近从四川名山县移植中小叶茶树试种，并取得成功。这次茶叶试种具有开创性的意义，开启了西藏规模化茶叶种植的历史。

"云雾山中出好茶。"雅鲁藏布大峡谷水汽通道造就了这里独有的湿润气候，加上亚热带气候，让这里的种茶产业具有了得天独厚的优势。

2011年，四川雅安技术人员对墨脱土壤取样检测，发现土壤的酸碱值和所含矿物成分非常适合种植茶叶。2013年，墨脱县聘请雅安市名山区茶叶研究所徐晓辉教授为茶叶种植技术顾问，春季绿茶，夏秋季红茶，秋冬季藏茶，墨脱已走上了一条打造绿色有机茶产业的发展之路。

易贡湖：告诉我们什么是"百年一遇"

在波密，有一个不能不去的地方——易贡。

1985年，四川农业大学曾组织专家在察隅、波密、墨脱等地考察适宜种茶的地方。现如今，则有一群雅安人在波密县境内的易贡茶场种茶制茶。

波密县易贡乡易贡错，这里有着"雪域茶谷"之称，易贡茶场就在易贡湖畔。

车过通麦天险，在通麦大桥下拐了弯，向着易贡茶场奔去。

通麦大桥刚好处于两条江的交汇处，南北流向的为易贡藏布，河流发源于那曲嘉黎县；东西流向的为帕隆藏布，河流发源于八宿县境内的然乌湖。

从通麦到排龙路段，是依山开凿垒土形成的山腰小平台，由于附近土质疏松、遍布雪山河流，路基松软，道路难行，加上泥石流、洪水灾害频发，极易塌方。因此，这段路成为整个G318上最惊险的一段，被称为"通麦天险"。

如今，在易贡藏布江上，三座大桥并列横跨，隧道一个接着一个，昔日的"通麦天险"已是脚下通途。

第一座通麦大桥的历史可以追溯到20世纪50年代初，是解放军在一面进军一面筑路的背景下修建的。第二座桥是临时保通桥。2000年4月，西藏林芝市波密县易贡乡发生特大山体滑坡，易贡湖水溃坝后，通麦大桥被冲毁，为尽快打通G318运输线而建。第三座桥是2015年12月正式通车的通麦特大桥。通麦特大桥桥长256米，宽12米，主塔高59.5米，中心桥面高出江面60米，为单塔单跨钢桁梁悬索桥。

易贡雪域茶谷

通麦大桥

沿着易贡藏布江边的公路一路前行，就到了易贡茶场——"雪域茶谷"。喜马拉雅山被雅鲁藏布江打开了一道缺口，从印度洋飘来的暖风让易贡湖畔温暖湿润，常年云雾缭绕。波光浩渺的易贡湖畔，是苍翠的茶园。易贡湖畔的海拔只有2200米，特别适合茶树生长。如果不是易贡湖边闪耀着白光的雪山，还真有"香茗熏得游人醉，只把易贡当雅安"的感觉。

然乌湖是堰塞湖，易贡湖也是堰塞湖。

在这里，易贡湖告诉人们什么是"百年一遇"，也明白了什么是"沧海桑田"。

1913年7月2日，一个名叫贝利的英国人来到了这里，给后人留下了一本《无护照西藏之行》的书。书中写道：

到达港口过易贡错不久，我们来到了一条叫茶隆的河边。茶隆河有15英尺宽、两英尺深，从石床上急流而过。由于人们不肯费力架桥，我们必须涉水过河。他们说这是一条凶恶的河流，容易突然涨水把所有桥梁冲走。13年前的7月12日，茶隆河形成高达河谷上方大坝的蓄水池，水有3天流不出去。住在河谷下方的人提心吊胆，知道水坝总有一天会决堤成灾，于是都迁到山里等待河水泛滥。

第三天下午，水坝决了口，泥石流以排山倒海之势向茶隆河谷冲去，一直持续了1个小时，泥和石刚好流到易贡河谷，在河的两岸冲积一块约2英里宽的扇形地带，易贡河左岸有3个村庄被埋没，他们是茶拉、茶多和茶贡；右岸有两个村庄被埋没，即卡定和旺登。当时还有一件怪事，洪水暴发时，石头和泥巴滚烫的，人们说脚都被烫出泡来，但第二天泥石就冷却了。

更严重的是，大量泥石横积在易贡河中，拦起了一道拦河坝，易贡河水堵塞，渐渐形成湖泊。由于水位上涨，淹没了许多房屋，很多牛马也都淹死了，人没有淹死，是因为他们爬到高地上去了。

湖水在一个月零三天之中持续上涨，而后拦河坝顶端出现裂口，湖水水位才下降。我们到那儿时，湖泊依旧很大，高出谷底五六英里，从我们渡口计算，湖面有600码宽。

无独有偶，在陈渠珍《艽野尘梦》一书中，我们也看到了易贡湖的影子。

有"湘西王"之称的陈渠珍在书中叙述了自己1909年从军，奉赵尔丰之命，随川军钟颖总进藏，后取道青海返回的经过。1950年正值解放军进藏，陈渠珍的《艽野尘梦》中所写的进藏路线和藏地风俗人情，是解放军进藏前的一个参考。贺龙将此书交给解放军第十八军。书中也有易贡湖的描写：

大海子，宽里许，长数十里。对岸即易贡。向导曰："多年前，此为小溪，后因左面高山崩溃，壅塞山谷，遂潴为海子。而右岸亦夷为平原矣。"遥见海子对岸，无数烟堆……

贝利和陈渠珍分别讲述了同一件事，即在1900年，易贡藏布发生的一场大型泥石流，滚滚而下的泥石流堵塞了易贡藏布，从而形成了易贡湖。

而今天的易贡湖，其实只是一个"微缩版"，因为在2000年，又一起泥石流，让易贡湖彻底改变了模样。

2000年4月19日，沉睡了100年的扎木弄沟又颤动了起来，海拔5000米、体积约有3000万立方米的山体崩塌，在短短的6分钟时间内，大自然完成了相当于11座长江大坝的浇筑方量，易贡湖水快速上涨，在随后62天的时间里，易贡湖面由原来的9.8平方公里迅速扩展到52.7平方公里，整整扩大了5.4倍。

后来，"大坝"轰然决堤，易贡湖水狂泻，易贡藏布、帕隆藏布、雅鲁藏布江沿岸的几乎所有的桥梁、公路、通信等设施全部被毁，易贡湖也缩小了很多。

如今，易贡已建起了以世界罕见的特大山崩灾害遗迹和中国海洋现代冰川群为主体的，占地面积达 2160 平方公里的易贡国家地质公园。

李师父：只闻其名不见其人

在易贡湖的消亡与重生之间，雪域茶谷为易贡湖添上了一抹新绿。而为易贡湖添上新绿的，正是雅安人和蒙顶山茶。

在易贡茶场，说到种茶，茶场的人会说到"李师父"；说到制茶，他们也会提到"李师父"；甚至说到易贡的美景，他们也会说到"李师父"……"李师父"无处不在，但"李师父"是谁？

一打听，原来是雅安市雨城区农业局高级农艺师李国林。

1984年，四川省农垦勘测队与西藏林业厅合作，进行宜茶性土壤调查，刚从四川农业大学毕业不久的李国林成了勘测队的一员。他们的目标是察隅县，在从林芝前往察隅的途中，他们偶然听说易贡也产茶，汽车便在通麦天险处拐了个弯，到了易贡。这一拐，从此让李国林与易贡结下了不解之缘，也改变了李国林的人生轨迹。

后来，四川省农垦勘测队向西藏林业厅提供了一份《西藏易贡农场宜茶土壤抽查报告》，认为易贡适合中、小叶种的茶树栽培。

有了第一次的良好合作，李国林便成了易贡茶场的技术顾问。退休前，他作为援藏技术人员到易贡；退休后，他作为"志愿者"到易贡。在李国林心中，易贡已成了他的家乡，因为那里有他的茶园，有他的亲人。

如今已70多岁的李国林由于身体原因，不能再去西藏了，但更多的雅安人来到了易贡，进行茶叶种植、生产、销售以及茶艺和茶文化的传播、推广。他们的目标是依托这里的生态优势，让西藏人喝上西藏产的"雪域圣茶"，同时还把雪域茶谷——易贡湖打造成康养天堂。

西藏林芝境内的易贡湖

　　李国林虽然离开了易贡，但心还在易贡，在他家的墙壁上，挂满了易贡的照片。当听说易贡茶园茶苗长势不好，他会打电话过去，让他们拍成视频发过来，再给予指导；茶厂生产有困难，他会对着视频分析原因……

　　易贡在藏语中意为"美丽"，它是一块深藏于藏东南高山峡谷中的秘境。这里除了有让人震撼的地质公园外，还有翠绿茶叶、红色文化。

　　当年解放军第十八军进军西藏，这里是军部所在地，军部迁走后，新疆生产建设兵团西藏团又来了，后来又成了西藏自治区委党校，现在则改为西藏林芝茶场……

　　茶场内还完整保留着第十八军军长张国华住过的"将军楼"、自治区委党校大礼堂等，在人迹罕至的易贡雪山上，还有二战坠毁的"飞虎"战机……

李国林在易贡指导茶园管理

易贡什么都好，只有一样不好，那就是通信困难。虽然这里有中国移动、中国联通的基站，但信号太弱，通信讯号在空中飘忽不定，手机很难捕捉到，要打电话，只得拿着手机四处游荡。

鲁朗：神仙居住的地方

在易贡湖的晨雾中，挥别易贡，再一次经过通麦大桥，驶向110多公里外的鲁朗。

位于林芝市巴宜区的鲁朗，藏语意为"神仙居住的地方"，鲁朗坐落在深山老林之中，两侧青山由低往高，分别由灌木丛和茂密的云杉和松树组成"鲁朗林海"；中间是草甸，溪流蜿蜒，草坪上成千上万种野花在不同季节怒放；颇具林区特色的木篱笆、木板屋、木头桥及农牧民的村寨星罗棋布、

鲁朗小镇

　　错落有致，勾画出一幅恬静、优美的山居图。

　　如今，一个国际旅游小镇正出现在鲁朗宽广的谷地上。小镇临水而建，森林、草原、村落相互陪衬，外观上既有藏族元素，建造规格又有国际范儿，是一处理想的旅行休憩之地。

　　行走在川藏茶马古道上，除了藏语外，听得最多的是四川方言。有人说："西藏的普通话，是四川话；西藏招待客人的私房菜，是四川菜。"一路走来，沿途的旅店、餐馆，大多是四川人、重庆人开的。川渝人到西藏旅游，如同回家一样，顿顿吃川菜，处处闻乡音，吃得舒服，睡得安稳。

　　在鲁朗，虽然餐馆也大多是四川人开的，但风向突变，川菜馆不见了，取而代之的是墨脱石锅鸡。在鲁朗，最值得品尝的美食是墨脱石锅鸡。

　　墨脱石锅，原产于西藏东南端的墨脱县，原料为世界上稀有的天然皂石，质地绵软，以灰褐色、灰巴色为主色调，形状为桶形，厚2—3厘米，

墨脱石锅鸡

规格大小不等,大锅直径 30 厘米左右,中等的直径 20 厘米左右,小的直径 10 厘米左右,锅底有平底和弧形两类。墨脱石锅可耐 2000℃高温,具有传热快、不粘锅、不变色等优点,汤汁香浓可口、后味醇厚、持久。

墨脱石锅鸡配料十分讲究,有党参、手掌参、枸杞、白果、松茸、鸡块以及各种菌菇等,其中以松茸最为名贵。

其实吃石锅鸡,重点并不是鸡,而是汤,汤味很鲜美。如果碰上新鲜松茸上市的季节,石锅鸡鸡汤的鲜香迥异于一般的鸡汤。

第七章

一路向拉萨

位于雪域高原东南部的林芝市，是西藏最早进入春天的地方。早春3—4月，漫山遍野的桃花更是把这片土地渲染成了粉红色的海洋。

林芝桃花节始于2002年，以"相约林芝，寻访美丽中国最美春天"为主题，邀请各地游客到林芝赏桃花，品味林芝独特的文化和秀丽自然的风光。

林芝桃花：寻找"西原"

林芝，藏语意为"太阳的宝座"，古称工布。林芝跟昌都一样，是一个地级市，市区在巴宜区八一镇。八一镇位于尼洋河畔，海拔2900米，是林芝市的政治、经济及文化中心。别看这里有"西藏小江南"之称，其实最初这里只有几座寺庙、几十户人家，从事简单的农牧业生产。1951年西藏和平解放后，解放军开始在此建设，因而得名"八一镇"。

八一镇的街道不仅宽阔整洁，而且名字也特别，有广东路、福建路、珠

林芝桃花

林芝巴松措旁的藏式民居

海路、香港步行街道和珠江市场等，因为这都是内地城市援建的。八一镇周边有鲁朗林海、卡定瀑布、色季拉山等旅游景点，其中鲁朗林海树种及植被丰富，林中有大量鸟类栖息。

林芝的桃花也很特别。在八一镇东南方向约5公里处，有一片天然野生桃林，人们称它为"桃花沟"。桃花沟三面环山，沟内野桃树鳞次栉比，林间鸟雀欢噪，既静僻又幽雅，不失为一处难得的大自然乐园和桃果基地。

1909年，湖南小伙子陈渠珍随"川军"入藏御边，驻守工布地区，在一次到藏族人家做客时，遇见西原，主人做媒，将西原嫁与陈渠珍。辛亥革命后，川军解散，西原跟随陈渠珍北走青海。因冬季迷路，口粮断绝，100多人的队伍仅7人生还。劫后余生到达西安，西原却突发疾病去世。多年以后，已成为"湘西王"的陈渠珍，创作《艽野尘梦》，写至西原之死，"肝肠寸断"，"从此辍笔"。

除了自然风光，勤劳智慧的工布人民还创造了辉煌灿烂的古代文明，至今保留的有列山古墓、秀巴古堡、摩崖石刻、工布王庄园遗址、喇嘛岭寺等历史遗迹和古刹名寺。

太昭：古道上的流星

从林芝到拉萨，是雅叶高速公路拉林段。这里的高速公路只需出示驾驶证、身份证后就可上路，而且不收过路费。

这条全长410公里的双向四车道高速公路，建在平均海拔3000米的高原上，沿尼洋河而上，与G318大体并行，是一条高原上的天路。高原的早晨，飘浮着白云，湛蓝的天空、清澈的河水、青翠的树林、宁静的村庄，伴随着特有的高原壮美风景，我们在晨间一路穿行。沿途有着许多的匝道，也有许多专门修建的观景台，选个位置停下来，欣赏美景，抑或是休息一会儿，

太昭古城之晨

还可以开下高速近距离游玩,优哉游哉,好不惬意。

从林芝到拉萨的路上,还有一个茶马古道旁的军旅重镇——太昭古城。

太昭古城背靠青山,面对绿水,在阳光的照耀下,显得遥远而神秘。太昭古城原名江达,藏语意思是"一百个村庄中的第一个",位于尼羊河和娘蒲河交汇处。尼羊河和娘蒲河两边有两条峡谷,峡谷中有99个村庄,加上太昭古城一共是100个,太昭古城因此得名。

自古川、青进藏有4条路——青藏西道、青藏中道、青藏东道、川藏

驿道，除青藏西道以外的3条路都要经过太昭，因此太昭也是非常有名的"唐蕃古道驿站"，茶马古道也在这里与唐蕃古道交会。因地形优势，太昭成为茶马古道旁的军旅重镇。清末，清政府在此设立太昭宗，当时人口众多，店铺林立，军旅客商汇聚此地，集市贸易十分繁华，有著名的小八角街和4个香火鼎盛的庙宇。

一千多年前，松赞干布就是经由此地，前往柏海（今青海扎陵湖）迎娶文成公主。唐蕃古道入口，右侧山崖有一处凹陷的地方，当地人称之为

100 多年前的布达拉宫

雪后的拉萨

藏王避雨石。相传当年松赞干布迎娶文成公主回来时，路经此地天降大雨，松赞干布拔剑削山，让文成公主在此避雨。因大雨连降数日不停，文成公主思念家乡，于是命随行工匠在山洞内刻下唐王画像，又刻下经文、佛塔、佛像，向上天祈求大雨早点停息，自己能早日到达拉萨；同时，也祈求上天能够保佑唐王身体安康，国家繁荣昌盛。古道经过的山也名藏经山，山上刻有许多藏文，并涂了朱红颜色，这些藏文绝大部分是六字真言"唵嘛呢叭咪吽"。太昭古城由此见证了一场亘古姻缘。

1951年，解放军第十八军第五十二师副政委阴法唐率军从昌都方向沿娘蒲沟行至太昭，在这里休整了一个多月。在太昭，解放军和每家每户都有着不解之缘。

交通的变迁，使太昭在军事上的重要地位日渐衰落。古城内的遗迹已经所剩无几，只有古民居还保存完好，昔日军旅重镇，如今沉寂无声。

太昭古城如同一颗曾在茶马古道上闪烁的流星，划过天际之时，消失于无垠。

拉萨：飘荡着茶香的圣城

拉萨，有太多让人着迷的地方。整洁宽阔的街道，茂盛的行道树，川流不息的车辆，充满现代化气息的楼房，处处体现了拉萨这座品质城市的魅力。

站在布达拉宫前，时间似乎定格了。

"拉萨周围无城郭，两面临河，一面倚山，唯一隅有少许堡垒，略如城门。"1930年2月23日，经过长达7个多月的长途跋涉，民国特使刘曼卿从南京到达拉萨。在当晚的日记中，刘曼卿记下了这样一段文字，为我们留下了90多年拉萨的一张"面孔"。

而早于她7年前来到拉萨的法国人大卫·妮尔，写下的拉萨"面孔"与刘曼卿笔下的大致一样："拉萨是西藏最大的城市，也是其首府，但它远不是一座规模宏大的城市。它建在一个宽阔的山谷中，位于吉曲河（拉萨河）的右岸。黄昏使之披上了神奇的色彩，巍峨的崇山峻岭是该城的城墙。"

而在更早的1846年1月29日，法国人古伯察为我们留下了拉萨另一张"面孔"：

经过18个月无数的苦难和障碍搏斗之后，我们最终到达了旅行的终点。拉萨不是一座大城，其方圆最多有两法里，它也不像中国内地的城市那样被城墙环绕。大家声称过去曾有过城郭，但在西藏人反击不丹及印度的一场战争中被完全摧毁，今天已找不到任何城墙的痕迹了。在城郊之外，我们看到栽有大树地田园，使该城具有一片绿色的城墙。

拉萨主要的街道都很宽阔、笔直，相当干净，至少在不下雨的时候……贸易和虔诚活动，不断把大批外地人吸引到了拉萨，使该城成了亚洲各民族的聚合地，街道上不停地聚集着朝圣人和商贾。

在古伯察的笔下，拉萨是繁荣的商城。

让人心心念念的八廓街

"世界上恐怕找不到第二条街，像八廓街那样承载信仰的同时云集商贾，接受万千信徒膜拜的同时笑迎五湖四海的游客，延续历史使命的同时演绎属于自己的传奇。"有人这样评价八廓街。

流传甚广的是文成公主与大昭寺的故事，这也是大昭寺建在八廓街的关键。传说，来自大唐的文成公主谙熟星象和五行说，她夜观天象，日察地形，发现整个青藏高原地形似一位躺卧的罗刹女之像，必须修建寺庙镇住她的心血和关节，而拉萨河谷中的卧塘湖便是罗刹女的心脏之所在，大昭寺必

大昭寺

须在此修建从而得以镇魔。

在大昭寺和小昭寺的中间,有几条长短不等的街道,这就是拉萨城市最早的雏形,境内和境外的商品也开始在这里出售。公元17—18世纪,社会稳定,经济繁荣,拉萨城区有了较大拓展,以大昭寺为中心,一条条街巷朝四面八方辐射,街巷与街巷交叉的地方,形成了一个又一个的街口,一处又一处的市场。这是八廓街的过去。

前些年,央视曾播放了一组"10条中国历史文化名街"的纪录片,拉萨八廓街也名列榜上,佛教寺院、王侯宫堡、贵族府邸、商业铺面、平民住宅,在街道两边高低错落,鳞次栉比,蔚为壮观,成为一片雪山环绕的繁华世界。

从20世纪90年代后期开始,拉萨老城发生了一些变化,一些原有的老

八廓街街景

街、房屋逐渐消失。但八廓街风貌依旧：木石结构的建筑，房顶四角插着五色风马旗的藏式平顶楼房。黑框的门窗上，装饰着红、黄、白、蓝色相间的短皱幔布，只是窗口比以前多了一些姹紫嫣红的盆栽植物。

人们常说，如果没来八廓街，就没来过拉萨。放下人生一切烦恼和负重，在八廓街上信马由缰地走走瞧瞧，一场心灵之旅便由此而始。在这里逛街，混迹在人流中，自由、随意地漫步。摇着转经筒的藏族阿妈、走路极快的小喇嘛、神采飞扬的康巴汉子，还有左顾右盼的藏族少女，都是街上流动的一道道最美风景。

漫步在八廓街头，鳞次栉比的藏式建筑特色鲜明，四通八达的羊肠小巷曲径通幽，人流如织、店铺林立。旅游业的快速发展让这一片老城区增添了些许现代色彩。穿梭在小巷之间，休憩于大院之内，不仅能感受到拉萨老城区乃至西藏人文景观古朴的缩影，同时也能看到八廓街今日的繁荣。

八廓街东南拐角处，是拉萨古城区保存最完整的老院子，叫邦达仓大院。这个大院的建筑极具藏式特色，已是国家重点文物保护单位。

邦达仓是拉萨现在保存最完整的贵族宅邸之一，距今已有300多年的历史。原是擦绒将军的府邸，后面卖给了当时西藏最大的商贾邦达家族。从擦绒家族到邦达家族，八廓街上的这座古建大院见证了拉萨风风雨雨的过往。

整幢建筑没有用一根钢筋、一块水泥、一颗螺丝钉，全是石头搭木头混合泥土建的。房顶和一些房间的地面是西藏独有的阿嘎土。打阿嘎是西藏传统的建筑工艺：一群人站在屋顶一边唱着歌一边打着节拍敲打着地面，来回无数次地敲打，才能完成。

邦达仓大院已经改建成传统藏式风格邦达仓古建酒店。虽然拉萨有邦达仓大院，但邦达昌的"根"并不在拉萨，而是在芒康。

藏茶：放心粮油店的"食品"

在拉萨街头，到处都有雅安藏茶的身影。

位于西藏拉萨北京东路的冲赛康商场，是目前拉萨市最大的小商品批发市场，冲赛康，藏语意为"观街楼、集市"，是拉萨最有烟火气息的一处地方。这里有雅安藏茶，也有藏茶销售；有高品质的茶砖，也有大众消费的竹篾装的条茶，琳琅满目，应有尽有。

在八廓街，依然有雅安藏茶的身影，它一如在川藏茶马道沿线一样，依然与粮油、日杂百货放在一起。因为在藏族同胞的眼里，茶不仅是饮料，还是生活的必需品，跟粮油一样，同等重要。藏茶融入了藏族同胞的生活中，伴随着他们走过了一代又一代，在他们心中留下了深深的烙印。

在历史光影的岁月中，藏茶在布达拉宫的地窖里，也有一席之地。

邦达仓古建酒店

拉萨茶店正在售卖雅安藏茶

2021年4月10日，"见证历史 携手共进"——非遗藏茶姜氏古茶"仁真杜吉"寻根交流会在布达拉宫举行。随着"红盖头"缓缓揭开，带有朱红色"仁真杜吉"标识的雅安藏茶，在一百多年后再次与世人见面。

"仁真杜吉"因其具有"熬头好、味醇和、汤色红亮，且带新茶香气"等独特风格，获得西藏布达拉宫、扎什伦布寺、哲蚌寺等三大寺活佛联合特制颁发的"仁真杜吉"铜板商标。2020年，拉萨"雪顿节"，姜氏后人展示了祖上留传下来的"仁真杜吉"（意为"佛在莲花台"）标识图形。有人猜测，在布达拉宫的地宫中可能还藏有"仁真杜吉"的茶。随后在西藏文物局、布达拉宫管理处的积极寻找下，两块上百年的"仁真杜吉"在地宫中发现。

重见天日的不仅是雅安藏茶，更是通过藏茶见证了千年茶马古道的盛景，见证了藏汉民族的山河相连，血脉相通的民族交往、交流、交融史。

在拉萨坐茶馆

在拉萨，坐茶馆也是一种享受。

拉萨有两家光明甜茶馆，一家叫"光明港琼甜茶馆"，另一家叫"光明商店餐馆"，即"老光明茶馆"。至于哪家更老，当地人也说不清楚。两家茶馆隔街相望，"光明港琼甜茶馆"在丹杰林路上，"老光明茶馆"在丹杰林巷一侧。

甜茶馆跟四川茶馆差不多，人们在甜茶馆晒太阳、闲聊、谈生意，也可以玩扑克、打印度克郎球、天南海北乱聊。

甜茶馆是舶来品，因为甜茶是按"磅"售卖的，这是一种英式的计量单位，"老光明茶馆"的甜茶五元一磅，用不同尺寸的暖水瓶分装。而"光明港琼甜茶馆"里的甜茶按杯买，茶客们端着茶杯，哪儿有空就可往哪儿坐，

拉萨茶馆喝甜茶

用雅安藏茶熬制酥油茶

就像是在上海南京路拼桌吃灌汤包一样，这里是拼桌喝茶。

甜茶的味道有点像阿萨姆奶茶，是用红茶、牛奶、糖或甜茶粉兑成的。

除拉萨外，很少在西藏的其他地方看到甜茶馆。"宁可三日无食，不可一日无茶。"甜茶是被"改良"的，虽然藏族同胞日常饮食里缺不了茶，但这"茶"并不是茶馆里的甜茶，而是酥油茶或清茶。

自古以来，西藏人民喝茶不种茶。直到新中国成立后，西藏才在林芝开始试种茶叶，如今林芝、山南一带都有了茶园。但由于适宜种茶的面积并不大，西藏的茶叶依然靠内地供应。

藏族同胞饮用的茶大多为砖茶，俗称"大茶"，主要来源是川茶、滇茶。他们喜欢"熬茶"，即是在茶壶中加上冷水，投入适量的茶叶烧开后，再加上少量的盐后即可饮用。这是最常见的喝法，也叫"清茶"。

另外，最具代表性的就是酥油茶。酥油茶是藏族同胞每日必备的饮品，是西藏高原生活的必需品。一来可以缓解高原反应，二来可以预防因天气干燥引起的嘴唇干裂，三来有很好的御寒作用。茶叶中含有维生素，可以减轻高原缺少蔬菜带来的损害。

第八章

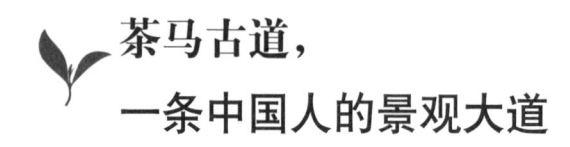

茶马古道，
一条中国人的景观大道

　　始于唐代的川藏茶马古道，东起四川雅安，经荥经、汉源至康定，或一路经天全至康定，经昌都，西至拉萨，最后到达不丹、尼泊尔和印度，全长近 4000 公里，已有 1300 多年历史。这是一条奇险与风光并存的古商道，也是一条历史与文化并存的贸易古道。

　　随着 1954 年 12 月 26 日康藏公路（连接雅安和拉萨的公路，G 318 的前身）建成通车，打通了西藏与内地的"血脉通道"，成为内地通往世界屋脊的第一条公路。

　　康藏公路起自雅安，至西藏拉萨，全长 2255 公里，贯穿青藏高原东部，从东到西，翻过二郎山、折多山、雀儿山等 14 座大山，跨过金沙江、澜沧江、怒江等激流，全线平均海拔在 3000 米以上。

　　如今茶马古道已被深山幽谷隐藏，现代交通早已代替遥远的背夫和牦牛。

　　川藏之间的立体交通雏形已显。航空自不必说，陆路交通已是"大道通天"，除了 G 317、G 318 两条国道外，始于四川雅安、止于新疆叶城、跨越青藏高原、连接大西南和大西北的 G 4218 雅安至康定段、拉萨至林芝段

茶马古道上的背夫

川藏公路"十八军将士精神永存"雕塑

跨越雅鲁藏布江的拉林高速公路大桥

"复兴号"列车行驶在拉林铁路上

早已建成通车,康定至林芝段建设激战正酣;川藏铁路拉萨至林芝段、成都至雅安段也已建成通车,雅安至林芝段正加紧推进。

古道依旧,但风景依然。昔日的茶马古道,今天已成为世界级的热门旅游线路——"中国人的景观大道"。从成都平原跃升到世界第三极,看山要看极高山,无限风光在青藏。

一路的自然景观扑面而来,一路的人文风情美不胜收,让人们惊艳、惊奇、惊险、惊叹。川藏茶马古道上,一路翻过平原、丘陵、山区、高原,穿过雪山、森林、草原、冰川,一个个挂在山壁的"回头弯"、一座座穿越深山的隧道、一座座跨越江河的桥梁,与壮美的自然山川,组成极致美景。一个个古镇古村、一座座古堡古桥,不仅记录了千百年来中华民族不畏艰险,与大自然抗争的伟大民族精神,也记录了各民族千百年来的交流融合和源远流长的情谊。

后记
家门口小路叫"官路"

我的家与"路"有缘。

小时候，家门口有条小路，大人叫它"官路"。那时，我不明白"官路"是什么，长大后，才知道这条"官路"是"南方丝绸之路"。

如今我住的小区门口，有一个里程碑，上面标着"G318·2662"，表示G318从上海到西藏，走到这里是2662公里。

站在2662里程碑往回走3公里，是1950年3月修建康藏公路开工仪式的金鸡关，往前走3公里，是1954年12月26日举行康藏公路通车仪式的青鼻山。

G318一头连着太平洋之滨的上海，一头连着青藏高原的西藏，全程5400多公里，到我家门口，差不多是一半的路程。

G318的前身是康藏公路（后更名为川藏公路），而川藏公路的前身，就是"茶马古道"。

30多年前有一个笑话，说是省里开会发文件，工作人员点名，连叫了几遍"甘孜"，没有人应答。工作人员便说："甘孜的没有来，就麻烦雅安的人一下，帮把甘孜的文件带回去。"

在工作人员看来，山水相连的雅安和甘孜是挨着的，顺便帮带文件，自然是很正常的事。殊不知雅安和甘孜隔了很远,就算正常的开车行驶,来回一趟至少要两三天时间。

后来,在上海参加培训,同寝室的是江苏南京人,一听我来自四川雅安,他两眼放光,连声说:"好地方好地方,西藏就在四川的家门口。你们是不是经常到西藏玩?"

在很多人眼里,雅安甘孜相邻,四川西藏一家。是啊,既然是邻居、是一家人,相互走动自然是很正常的事。

是的,从雅安到拉萨不远,相隔只有一道"门槛",可这是一道"高门槛",一道从第二阶梯到第一阶梯的"门槛",海拔相差了好几千米,距离相差了好几千公里,既"高不可攀"也"遥不可及"。

2016年,西藏自治区旅发委组织"茶马古道·西藏秘径"考察,作为"茶马古道文化学者",我应邀参加了这次活动。

从雅安出发,大致按G318(南线)行走,经康定、雅江、理塘、巴塘进入西藏芒康,再经左贡、察雅,到达昌都,后经八宿、波密、林芝,抵达拉萨。

行前,我收集了大量古今中外的旅藏游记、考察报告等,与今天的考察见闻相对照,勾勒出一张张"面孔",后来写了好几篇考察游记,先后在《茶博览》《中国民族》《四川经济日报》等报刊上发表。

这几年,茶马古道成了热点。当香港《中国旅游》杂志采访部主任、著名摄影家柯炳钟先生表示可以做一个"主题故事"时,我们一拍即合,策划了"茶叶天路"这一主题。在铸牢中华民族共同体意识的视野下,通过寻找川藏茶马古道上的"茶叶印记",用人文地理的视角,历史与现实交织,记录沿途的古今变迁,再现川藏茶马古道上的神秘过往和沧桑变迁,溯源过去也追寻未来。

为了给"茶叶天路"配上美图,柯炳钟先生专程从香港飞到成都,在成都租车,沿着川藏茶马古道自驾走了一个来回,拍摄了大量的照片。我也

1943年，美国国家地理记者在考察茶马古道时，为贡嘎山留影。

对文稿进行了补充和调整。

最终《中国旅游》将"茶叶天路"这一主题，分别以"四川茶马古道"和"川藏南线·穿越雪域茶城"为题，在2023年第9期、第10期，2024年第6月上刊发，形成了一个特大的川藏茶马古道"主题故事"。新近创刊的美国《美华文化生活》中文杂志，也进行了选载。

在《背夫茶路》一文中说到了"大路"和"小路"，其实，茶马古道并不是今天的高速公路，从甲地到乙地，一条路贯通，而是双脚踏出来的网状通道，一路不通，又另辟蹊径。中央红军长征，从大渡河转战青衣江，除了佯攻和后卫部队走"大路""小路"外，主力部队既没有走"大路"，也没有走"小路"，而是在"大路"和"小路"之间，走出了一条"长征路"。姑且称这条"长征路"为"中路"，其实"中路"早已存在，只是走的人少了，也就荒废了。这"中路"，算不算是茶马古道？

另外，经芦山、宝兴，越夹金山的"长征路"，以前称为"夏阳道"，小金、金川一带的人们，祖祖辈辈喝的也是雅安藏茶，而且他们称夹金山南边的雅安人为"南路娃"。"南路娃"与"南路边茶"的称呼，同出一辙。这"夏阳道"，是不是茶马古道？

答案自然是肯定的，除了"中路"和"夏阳道"外，还有其他路，都是茶马古道，只要是通向康藏高原的，应该都是茶马古道，都是"茶叶天路"。

2023年，是"一带一路"倡议提出十周年，普洱景迈山古茶林文化景观成为全球首个以茶文化为主题的世界文化遗产。2024年，茶马古道被四川列入冲击"中国世界文化遗产预备名单"。

2024年6月30日，G4218雅叶高速公路继雅安至康定段、拉萨至林芝段通车之后，拉萨至日喀则段又建成通车……

2024年12月25日，是康藏公路建成通车七十周年。

创作出版《又见茶马古道》，恰逢其时。

在创作成书过程中，得到了中共雅安市委宣传部、雅安市文联和雅安市融媒体中心、雅安市名山区茶叶产业发展中心的支持，也得到了孙前、蒋秀英、杨建光、贺志国、杨术兵、陈书谦、倪林、姜肖、周华、李韶东、戴伟、钟春燕、郭朝林、李锡东、孙光俊、董祖信、向奇金，中国社会科学院木仕华，西藏民族大学赵国栋等人，以及五洲传播出版社的支持和帮助，在此特此鸣谢。

同时也要感谢为本书提供图片的郝立艺、杨涛、袁明、刘安、李伊凡、徐晓虎、马建博、王雨璐等人和吴作人国际美术基金会。

我还要特别感谢《中国旅游》的柯炳钟先生和孙健三先生。柯炳钟先生不仅编发了"茶叶天路"这一大专题，还重走茶马古道，为专题拍摄配图。孙健三先生得知我在创作"茶马古道"书稿时，他欣然将他父亲孙明经摄、他著的《中国百年影像档案·孙明经纪实摄影研究》一套7卷本摄影集赠送给我，并郑重地写上"代父赠书"四个字。孙健三先生的古道热肠，令我十分感动。

高富华

2024年8月22日

G4218 雅叶高速公路拉林段"最美大桥"多布特大桥

附录 茶马古道歌

雨城漏天处，

茶源自在蒙顶山；

雨雾甘露丛，

藏茶香飘拉萨河。

山横且水远，

飞仙难渡云和月；

风刀与霜剑，

花滩艰履泪伴血。

肉骨生铁肩，

大茶包重重叠叠；

铁杵杖西行，

拐子窝密密麻麻。

吼一声山歌，

啃一口玉麦馍馍；

洒一路汗水，

换一碗稀饭汤汤。

千年背夫路，

传承民族兄弟情；

万里茶马道，

谱写汉藏史诗篇！

图书在版编目（CIP）数据

又见茶马古道 / 高富华著. -- 北京：五洲传播出版社，2025.2. -- ISBN 978-7-5085-5315-3

Ⅰ. K928.6

中国国家版本馆CIP数据核字第20241YB176号

又见茶马古道

作　　者：	高富华
图　　片：	高富华　郝立艺　杨　涛　刘　安　李伊凡　徐晓虎 马建博　王雨璐　图虫创意 / Adobe Stock
出 版 人：	关　宏
责任编辑：	梁　媛
装帧设计：	山谷有鱼

又见茶马古道

出版发行：五洲传播出版社
地　　址：北京市海淀区北三环中路 31 号生产力大楼 B 座 6 层
邮　　编：100088
发行电话：010-82005927，010-82007837
网　　址：http://www.cicc.org.cn，http://www.thatsbooks.com
印　　刷：北京市房山腾龙印刷厂
版　　次：2025 年 2 月第 1 版第 1 次印刷
开　　本：710mm×1000mm　1/16
印　　张：13.25
字　　数：160 千
定　　价：78.00 元

版权所有　翻印必究